________________________ 님께

________________________ 드림

소보(少甫) 이 대 희

삼성물산 미주법인, 3국간거래팀장을 거쳐, 유진그룹 해외부문 사장 외 중견그룹사 대표를 두루 역임하고, 현재 글로벌리딩경영원 대표 및 aSSIT 겸임교수로 활동 중인 경영인, 해외사업, 협상전문가이다. 시장, 인간, 문화에 대하여 천착하는 태생적인 마케터이자 컨설턴트이다.

서울과학종합대학원(경영학박사), 연세대 경영대학원(석사), 한국외국어대 영어과 졸업 및 서울대 최고경영자과정, 펜실베니아대 'Wharton AMP', 스탠포드대 'Negotiation & Influence Strategy' 과정 등을 수료하였고, 2007년에는 대한경영학회 '경영자 대상'을 수상하였다.

다년간 글로벌 무대에서 풍부한 비즈니스 경험을 축적하였으며(60여개국 순방), 삼성물산 재직 시 최우수 상사맨으로서 미주법인 및 여러 이문화 현장에서 뛰어난 성과를 거두기도 하였다. '21세기형 문화지능'과 '파트너십을 통한 리더의 길'을 강조하는 그의 메시지는 울림을 준다.

저자의 또 다른 저서 :『프로액티즘』
E-mail : davidlee1006@naver.com

협상
승자와 주도자의 길

발행일 2019년 5월 28일
지은이 이대희
펴낸이 최민서
책임 편집 신지항
펴낸곳 (주)북페리타
등록 315-2013-000034호
주소 서울시 강서구 양천로 551-24 한화비즈메트로 2차 807호
대표전화 02-332-3923
팩시밀리 02-332-3928
이메일 editor@bookpelita.com
값 15,000원
ISBN 979-11-86355-05-3 (03320)

이 도서의 국립중앙도서관 출판예정도서목록(CIP)은 서지정보유통지원시스템 홈페이지(http://seoji.nl.go.kr)와 국가자료종합목록시스템(http://kolis-net.nl.go.kr)에서 이용하실 수 있습니다. (CIP제어번호 : CIP2019019617)

승자와 주도자의 길

협상

이대희 지음

글머리에

"당신은 당신에게 맞선 사람에게서 큰 교훈을 배워오지 않았던가?"

미국의 시인 월터 휘트먼Walter Whitman, 1819~1892의 말이다. 「풀잎The Grass, 1855」의 작가로서 유명한 그의 발자취는 마치 미지의 세계를 걷는 거인 같은 느낌을 준다. 물질보다 인성을 추구하며, 희망과 감회를 노래한 그의 메시지는 솔직하고 자유롭다. '맞선 자의 교훈'은 바로 그러한 말이다. 영혼의 기치와 발전의 모습을 상상케 하는 그 표현은 여유당당함 속의 '대립'을 가리킨다. 대립은 '투쟁'이 아니다. 대립은 페어 플레이fair play의 정당한 모습, 진실을 파괴하지 않는 협상가의 면모이다. 상사맨, 경영자, 마케터로서 시장의 저변에서 늘 경쟁과 협력의 길목을 넘나들던 필자에게 휘트먼의 이 문구는 진정한 협상가로서의 길을 열어 주었다.

세상의 90퍼센트는 협상이다. 초경쟁 글로벌 시대의 오늘날, 국가, 기업, 개인 활동의 모든 영역에서 흩어진 경계와 무한 욕망은 진정한 파트너십의 의미를 망각한 채 오직 당사자 간의 이득을 둘러싸고 이전투구하게 만든다. 북미, 미중, EU국들 간의 첨예한 대립과 분쟁에 관한 기사들이 지면을 장식하고 있으며, 경제 현안과 일상사에 관한 숱한 일들 또한 만인의 관심을 끌고 있다. 4차 산업혁명을 논하는 시대에 시장과 기술의 결합은 상상을 초월하며, 초월적 역량을 가진 지능체가 인간의 사고와 의식을 장악하는 시대가 도래할지도 모른다. 하지만 그것이 과연 지성, 감성, 영성을 총동원하여 인간의 마음을 온전히 얻어야 하는 협상가로서의 역할을 다해낼 수 있을까?

필자는 그간의 분주한 활동 가운데에서 겪은 진정한 파트너십과 협상가의 모습을 정립하여, 많은 이들로 하여금 성공적 커리어의 장을 펼쳐가는 데 도움을 주려는 소망을 갖고 있었다. 협상에 관해서는 많은 책들이 있으나, 스킬 위주의 단편적인 접근에 머물거나 시의성과 문화적 측면을 고려하지 않은 것들이 대부분이다. 필자는 그동안 다양한 국내외 경험과 사례 및 글로벌 리더십 차원의 이문화 협상에 관한 내용을 다룬 바 있다. 이제 필자는 진정한 '승자와 주도자의 길'은 무엇인가라는 관점에서 '협상'의 도道를 펼쳐 보고자 한다. 파트너십은 마음을 얻는 것이다. 마음을 얻으려면 마음을 읽어야 한다. 마음을 읽으려면 시장, 인간, 문화에 대해서 깊이 이해하고 대응할 수 있어야 한다. 이 책은 그러한 이야기들을 담은 책이다.

21세기는 연결과 공유의 시대이다. 국가, 기업, 개인 간의 갈등은 이전보다 복잡한 양상을 띠고 있고, 모든 분야에서 이해관계의 충돌은 더욱 심화되고 있다. 파트너십에 대한 관점 또한 냉혹하고 현실적으로 변모하고 있다. 세상을 뒤집는 혁신의 시대에 협상은 실리와 명분을 조화시키는 특별한 능력과 기회와 위험을 포착하는 예리한 안목을 요구한다. 통찰, 곧 인사이트 Insight란 바로 그런 의미이다. 욕망의 크기와 진실의 무게를 조화시켜야 하는 글로벌 무대에서 "실리야말로 가장 중요한 것이다. 왜냐하면 법도 애욕도 실리에 근원하고 있기 때문이다."라는 카우틸라BC 350~275, 인도 마우리아 왕조 시대의 재상의 말은 새로운 의미로 다가온다.

협상가의 길은 흥미롭다. 그 속에는 시장, 인간, 문화에 대한 이해와 애환이 담겨있다. 필자는 이 책을 통해서 당신을 진정한 협상가이자 고수로 변모시켜 줄 것이다. 나아가 당신을 조직이나 시장의 어느 곳에서도, 가족, 친구, 연인과의 어떠한 관계에서도, 유리하거나 축복받는 위치에 서게 할 것이다. 삶과 비즈니스의 행로에서 뜻하고 행하는 모든 일들이 순조롭지는 않을 수 있다. 혼자만의 것이 아닌 세상, 완전한 승리와 이득은 존재하지 않는다. 격변의 시대에 진정한 파트너십을 원하는 사람은 어설픈 윈-윈win-win을 추구하지 않는다. 협상의 고수는 경쟁하면서 손을 잡되, 실리를 절대로 놓치지 않는 대타협가A Great Compromiser이다.

이 책은 성공적 커리어를 꿈꾸는 기업의 경영자, 간부, 사원, 벤처기업인, 1인 사업가 및 관료, 단체인, 일반인 등을 모두 염두에 두었다. 여성 기업인, 리더들께도 주의 깊은 관심과 숙독을 권한다. 무한경쟁의 시대, 1년, 아니 한 치 앞도 예측하기에 어려운 시대에 어느 분야에 종사하든, 어느 위치에서 일하든, 중요한 것은 근성 위에 자리잡은 파트너십과 협상력, 바로 '상대방을 내 뜻대로 움직이는 기술'이다. 마인드셋mindset과 스킬셋skillset을 모두 겸비해야 한다. 이 책이 부디 최고의 리더, 승자와 주도자의 길을 추구하는 모든 분들의 행로에 길잡이가 되기를 바라는 마음 간절하다.

이 책이 나오기까지에는 많은 분들의 격려와 조언이 있었다. 필자의 아호雅號를 지어준 오랜 벗인 김신규 한양대 의대 교수前 한양대 류마티스병원장 겸 벤처기업 임뮤노씽크 대표, 한국 경영학계의 태두이자 석학으로서 통찰의 눈을 열어주신 인천대학교 조동성 총장님, 한류혁명의 리더이자 선구자이신 ㈜에스엠엔터테인먼트 이수만 총괄 프로듀서님, 커밍스 코리아(중국총괄) 및 타타대우상용차 대표와 한국외국기업협회장을 역임하신 김종식 사장님, 다년간 각계 리더들간의 교류 및 인재양성에 헌신해 오신 인간개발연구원 한영섭 원장님께 깊은 감사의 말씀을 드린다. 또한 미국 휴스턴에서 활발히 사업을 펼치며 후원의 메시지를 전해주신 의형義兄 이상세 사장님께도 감사의 말씀을 전하며, 마지막으로 조용한 후원자로서 늘 곁을 지켜준 아내와 가족들에게도 고마움을 전하고 싶다. 이 책의 출간을 허락해 주신 ㈜북페리타 임직원들께도 감사의 말씀을 전한다.

소보(少甫) 이 대 희

Contents

제2장 다양한 전략과 전술을 구사하라

제3절 예측, 디자인, 패키징하라

제4절 강자의 전략, 약자의 전략 모두 꿰뚫어라

제5절 국면을 장악하고 즐겨라

제3장 이문화 협상의 주도자가 되라

제4장 커뮤니케이션의 달인이 되라

제5장 나는 최고의 협상가이다

◇◇◇

협상은 두 사람 이상의 관계에서 당사자들이 의미 있는 '가치'의 창출을 위해서 서로 '영향'을 끼치며, 그 결과를 어떻게 주고받을 것인가에 대해서 결정하는 과정이다. 협상의 궁극적 목적은 '굿딜Good Deal'의 획득에 있으며, 그를 위해서는 상대방의 마음을 읽고 마음을 얻어야 한다. 협상은 게임이자, 과학이자, 예술이다. 협상에 임할 때는 협상의 다양한 관점들에 대한 균형과 조화를 염두에 두되, 협조적 경쟁자를 넘어 대타협가로서의 면모를 견지해야 한다. 초경쟁 글로벌 시대의 노련한 협상가는 어설픈 윈-윈Win-Win보다는 현실감 있는 대타협을 성공시키는 사람이다.

제 1 장

세상의 90퍼센트는 협상이다

"최고의 협상은 내가 원하는 바를 상대방이 말하거나
행하게 하는 것이다."

다니엘 바레(Daniele Vare, 1880-1956) 이탈리아 외교관, 저술가

제 1 절

협상,
그 시작과 끝

협상, 가치와 영향

"오, 제발 저를 살려 주세요! 저는 아내와 두 아이가 있습니다."
"여보시오, 나는 아내와 두 아이가 없으니, 저 병사 대신 나를 죽여주시오!"

십여 년 전 가을의 초입, 2차 세계대전시 쓰라린 역사의 현장이었던 폴란드의 아우슈비츠Auschwitz 수용소를 방문했을 때의 일이다. 인간의 존엄성을 철저히 무시한 나치의 만행을 생생히 입증하는 여러 건물과 그 안의 전시물들을 보니, 온몸에 전율이 느껴졌다. 이어서, 조금 전 지나온 건물의 벽에 걸린 사진들 속에서 해맑게 웃고 있던 어린 희생자들의 얼굴이 눈앞에 아른거리는 가운데, 겁에 질린 한 병사와 검은 안경을 낀 한 깡마른 남자의 얼굴이 실루엣처럼 포개져 보였다. 이들 중 한 사람은 전선에서 잡혀 온 폴란드 병사였고, 또 한 사람은 하늘이 보낸 사람이었다. 당시의 상황은 바로 그 살아남은 폴란드 병사에 의해서 생생히 밝혀졌다.

막시밀리안 마리아 콜베Maxilian-Maria Kolbe, 1894~1941, 가톨릭 사제였던 그는 1943년 7월 수용소를 탈출하려다 발각되어 처형당하게 된 젊은 병사를 살려주고 대신 자신을 죽여 달라는 나치 장교와의 '딜'에 성공했다. 그는 탈옥 시도에 대한 경고 목적으로 함께 처형될 뻔했던 다른 9명의 죄수와 함께 아사형餓死刑을 선고받았으나, 수주 동안 생존하다가 독극물 주사를 맞고 죽었다. 콜베 신부는 신학과 물리학 박사, 아마추어 무전가, 저널리스트였다. 그는 생명의 존엄성, 사랑, 희생이라는 인간사 최고의 '가치'를 실현하기 위해 극악한 나치 장교에게 '영향'을 끼치며, 최악의 인질사태를 타결하는 데 성공한 가히 최고의 협상가라고 아니할 수 없다. 비즈니스 세계에서의 다양한 국면에서도 과연 이처럼 극적인 타결에 성공할 수 있을까?

협상, '가치'와 '영향'

협상이란 무엇인가? 협상Negotiation의 라틴어 어원인 negotiumneg+otium은 'not leisure', 즉 쉼 없는 사업을 의미하며 사업은 곧 협상을 의미한다. 협상은 고대 이래 전쟁 도중 일시적 휴가의 틈을 타서 전리품을 시장에서 팔고자 흥정하던 병사의 모습에서도 상상할 수 있다. 미국 스탠포드대의 마가렛 닐Magaret Neale 교수에 의하면, 협상은 '두 사람 이상의 관계에서 당사자들이 각각 무엇을 주고받을 것인가를 결정하는 과정'이다. 헌데, 여기서 중요한 것은 주고받되, 어떻게 주고받느냐의 문제이다. 그것은 곧 당사자 간에 어떻게 '영향'을 끼치고, 얼마만큼의 '가치'를 창출하고 교환하느냐의 문제임을 의미한다. 협상의 근본적인 키워드는 결국 '가치'와 '영향'이다.

스탠포드대 'Negotiation & Influence Strategy Program' 주임교수 Margaret A. Neale 박사와 함께.
'협상의 고수(高手)'에 대한 개념을 정립시켜준 그녀의 잔잔한 미소 뒤에는 협상론의 대가다운 면모가 숨어있다.

오늘날 국가, 기업, 개인의 모든 활동 영역에서 협상은 다양한 형태를 띠면서 당사자들 간의 이해관계에 영향을 끼친다. 국가 간의 주요 현안, 기업 간의 거래, 조직 내 구성원 간의 갈등, 부부나 연인 및 친구 간의 문제에서도 사람들은 언제나 원하는 것을 얻으려고 한다. 달리 표현하면 모든 사람들은 비즈니스, 조직생활, 개인사 등 모든 면에서 누군가와 관계를 형성하며 그 속에서 뭔가를 창출하고 얻어내려고 한다.價値 다음으로, 모든 사람은 그러한 과정에서 상대방에게 영향影響을 끼치면서 협력하거나 경쟁한다. 다만 중요한 것은 당사자 간의 갈등을 넘어서 공존의 성과를 창출해 내느냐의 여부이다.

협상, 헤아려서 얻는다

협상은 절충과 타협을 통해 서로 간에 상충하는 이익을 조절하거나, 공통된 이익의 획득을 추진하는 것이다. 협상의 고전적 의미는 '화합하고 헤아리는 것화합할 협協, 헤아릴 상商'인데, 이는 곧 당사자들이 협력하면서 서로의 목적이나 동기 및 안고 있는 문제를 이해하고, 그에 대한 답을 구하는 것을 뜻한다. 유명한 협상 전문가 허브 코헨Herb Cohen, 1932~2010은 "협상은 당신에게 무엇인가를 원하는 상대방으로부터 당신에 대한 호의 및 당신이 원하는 무엇인가를 얻어내는 일이다."라고 말한다. 이러한 이야기들을 종합해 보면, 협상이란 결국 '헤아려서 얻는 것'이다.

협상의 정의에 대한 해석은 다양하다. 임하는 방법과 기술도 각양각색이다. 협상에서 중요한 것은 최고의 협상력을 발휘함으로써 원하는 바를 최대한 쟁취하는 것이다. 초경쟁 글로벌 시대인 오늘날, 협상은 거미줄처럼 얽혀 있는 긴장과 대립 속에서 유리한 입지를 확보하고 이득을 취할 수 있게 해준다. 협상은 결코 받아들이기 쉬운 타협을 찾는 일이 아니며, 각자의 이익을 위해서 행하는 공동 결정의 과정이다. 협상을 사람 다루기로 이해하는 시각도 있는데, 이는 인간의 사회성과 관계 측면에 중점을 둔 것이다. 그 어느 경우이든 협상은 서로 간에 '영향'을 끼치면서, '가치' 있는 것을 손에 넣기 위한 거래라고 말할 수 있다.

협상은 게임인가,
과학인가, 예술인가?

"블러핑Bluffing은 모든 종류의 두뇌 게임을 통틀어 최고의 전략이다."

노벨경제학상을 받은 게임이론의 대가인 이스라엘 출신 로버트 오먼Robert Aumann, 1930~ 교수의 말이다. 블러핑은 포커 게임에서 마치 좋은 카드를 손에 쥐고 있는 것처럼 허세를 부리거나 엄포를 놓는 것인데, 이는 비즈니스와 일상생활에서도 유효한 전략이다. 예를 들면, 파트너십의 유지를 위해서 새로운 거래를 할 듯 언약을 하거나, 여성의 환심을 사기 위해서 꽤나 능력 있는 남자처럼 행세하는 것 등이 그것들이다. 블러핑은 상대방으로 하여금 진위를 쉽게 알아차릴 수 없게 만드는 효력이 있지만, 정당성의 한계를 넘으면 신뢰를 잃게 할 수도 있다. 오늘날 지구상에서 이루어지는 모든 협상은 블러핑을 이용하여 상대방의 심리를 흔드는 게임과 같은 것이 아닐까?

협상, 실리와 명분을 위한 게임

서양과 동양의 대표적인 게임으로 체스와 바둑이 있다. 이 두 가지 게임 각각의 특징을 살펴보면, 체스는 결정적인 전투를 통해 완전한 승리를 추구하며, 바둑은 상대방의 잠재력을 천천히 약화시키면서 상대적 이득을 노린다. 체스와 바둑에는 공통점이 있는데, 그것은 자기의 성城이나 집을 지키거나 확장시키기 위해서 진퇴를 반복하되, 취할 것은 취하고, 내줄 것은 내주는 것이다. 체스에서나 바둑에서나 고수들은 조용히 여유와 능청을 부린다. 비록 작은 무대나 반상盤床에서 일지라도 우주를 경영하듯 판세를 주도하기 위해서는 블러핑을 구사하기도 한다.

협상은 판세를 읽고 대응하는 겨루기이다. 국제무대에서 전개되는 국가 간, 기업 간의 협상에서도 서구의 전략은 체스에, 중국의 전략은 바둑에 비유된다. 미국의 예를 들면, 그들의 대 중국 외교의 목표는 아시아 지역에서 중국이라는 패권국가의 출현을 저지하는 것이며, 중국을 '전략적 동반자'로 볼 것인가, 아니면 '부도덕한 숙적'으로 볼 것인가에 대한 시각은 상황에 따라 변모한다. 협상에 임하는 국가, 기업, 개인은 어느 국면에서든 공통적이거나 상반되는 실리의 조합을 유리하게 변화시키려고 힘쓰게 마련이다. 협상은 결국 실리와 명분을 겨루는 게임이라고 말할 수 있다.

협상, 긴장과 통찰의 세 박자

몇 해 전 프랑스 파리의 '오페라 가르니에'와 '바스티유 오페라'의 총감독 니콜라스 조엘이 역사상 최고의 객석점유율과 티켓 판매 실적을 거뒀음에도 불구하고 갑자기 해고되는 상황이 발생했다. 그 이유는 그가 실적에만 골몰해서 흥행작 위주로 프로그램을 구성함으로써 문화적 책무의 본질을 훼손했다는 것이었다. 이는 오페라와 발레는 예술이지 결코 산업일 수 없으며, 프랑스의 문화적 자부심을 지켜야 할 오페라의 수장이 흥행에만 몰두하는 건 용납할 수 없는 일이라는 인식에서 비롯된 조치였다. 프랑스의 자긍심은 정말 도도하여, 최고의 흥행 실적에서 나오는 '실리'보다는 문화적 자긍심을 지켜야 한다는 '명분'이 그들의 사고를 지배하고 있었다.

실리와 명분의 차이는 명확하다. 실리는 실질적 이익이고, 명분은 겉치레 또는 대의大義이다. 실리 앞에서는 명분이 약해지고, 명분을 앞세우면 실리가 위축된다. 국가 간의 전쟁 후 평화협정을 맺을 때에도 가장 우선시되는 것이 실리와 명분이다. 오늘날 비즈니스, 조직활동, 일상생활의 다양한 국면에서 전개되는 협상들 속에서 '실리와 명분'을 조화시키는 것은 참으로 어려운 일이다. 그 속에는 '기회와 위험'이 상존하고 있다. 쏟아 넣어야 할 '비용과 수익'의 계산도 치열하다. 그것은 긴장과 통찰을 요구하는 냉혹하고 혹독한 게임이다. 하지만 협상은 단지 게임의 차원에 머무르는 것은 아니다.

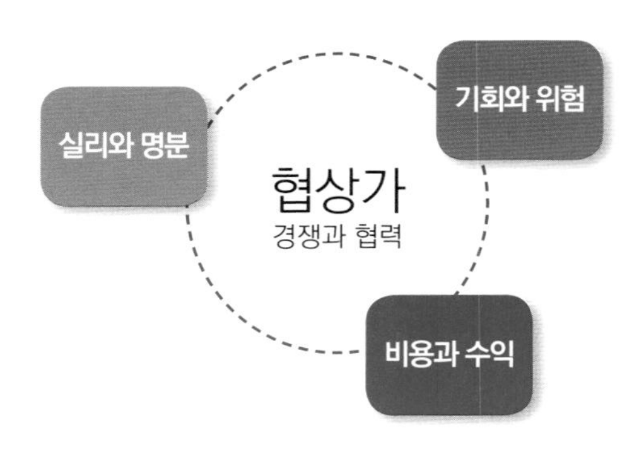

협상가는 '기회와 위험', '비용과 수익'에 대한 긴장과 통찰 속에서 '실리와 명분'을 고려하면서, '경쟁과 협력'의 양날을 펼쳐야 한다.

협상, 게임이자, 과학이자, 예술이다

협상의 관점은 다양하다. 협상의 사안과 관계의 복잡성을 고려한다면, 아무리 실리와 명분을 따지더라도 논리와 정서의 문제가 따를 수밖에 없다. 심리와 감정의 기복은 간과할 수 없는 요소이다. 인간과 시장에 대한 거시적이고 전체적인 안목 또한 필요하다. 협상의 관점을 세 가지로 압축하면, 첫째, 앞서 언급한 바와 같이, 협상은 게임이라고 할 수 있다. 협상이라는 게임의 룰을 잘 알면 협상을 즐길 수도 있고, 성공적으로 이끌 수도 있다. 둘째, 협상은 과학이다. 협상의 기본 원리와 스킬을 잘 숙지하고 훈련하면 훌륭한 협상력을 발휘할 수 있다. 셋째, 협상은 예술이다. 협상은 다양한 전략과 전술의 구사, 복잡한 시각과 의견의 조율, 주도면밀한 흥정과 타협 등 총체적인 접근을 요구한다는 점에서 종합 예술과 다름없다.

협상은 게임이자, 과학이자, 예술이다. 그것은 상대방의 심리와 감정을 다루는 매우 조심스럽고 민감한 행위의 과정이다. 그러므로 협상에 임할 때는 협상의 다양한 관점들에 대한 균형과 조화를 염두에 두어야 한다. 협상은 단순한 게임이 아니듯, 단순한 과학도 아니며, 그렇다고 해서 천재성을 요구하는 예술도 아니다. 협상은 유클리드Euclid, B.C.4~3C의 황금비율을 찾듯이 최적의 균형 상태를 유지하는 노력의 과정이며, 그러한 관점에서 협상을 게임, 과학, 예술의 관점에서 접근하여 합일점을 추구하는 것은 바람직한 일이다. 협상은 눈앞의 이익을 목표로 하지만, 협상의 주체는 사람이므로 협상 참여자들이 서로 만족해야만 진정으로 성공한 협상이라고 할 수 있다. 게임이든, 과학이든, 예술이든 노련히 대처하며, 즐길 수까지 있다면 금상첨화이다.

굿딜이 목적이다

회의는 춤춘다. 그러나 진전은 없다.

Der Kongress tanzt viel, aber er geht nicht weiter.

나폴레옹의 몰락 후 유럽 질서의 재편을 위해서 개최된 빈 회의1814에서 유럽 각처에서 모여든 왕과 귀족들을 접대하는 책임을 맡았던 샤를 조제프 라모랄 리뉴 공작Charles Joseph R. Ligne, 1735~1814이 남긴 말이다. 오스트리아, 영국, 러시아, 프로이센 및 프랑스 등 주요 당사국을 포함한 유럽의 크고 작은 90개의 왕국과 53개 공국公國의 군주와 정치가들이 참가한 유럽 역사상 최대 규모의 이 회의는 각국의 이해관계가 충돌하는 가운데 지지부진을 면치 못하면서, 연일 화려한 파티와 무도회 속에서 겉돌고 있었다. 그들은 본연의 목적인 협상에 몰입하기보다는 회의의 추이를 살펴보면서 전전긍긍하고 있었다. 협상의 목적은 어디로 간 것이었을까?

협상, 왜 하나?

세상만사의 90퍼센트는 협상이다. 주고받는 모든 것이 협상 대상이며, 협상을 통해서 모든 것이 이루어진다. 그러면 우리는 왜 협상을 할까? 그 이유는 아마도 혼자서 할 수 없는 새로운 것을 창출해야 하거나, 누군가와의 갈등이나 분쟁 등의 문제를 해결해야 하기 때문이다. 세상에는 수많은 회의, 상담, 협상이 존재하지만, 문제라는 커다란 그림 앞에서 이해와 해결을 명쾌히 도출하는 것은 쉽지 않다. 때로는 그저 대립하거나 다투다가 그치고 만다. 회의가 춤추듯이 겉돌기도 한다. 어찌 보면 우리는 다양한 관점들을 이어주는 선을 보지 못한 채 좁은 공간에 갇혀서 이전투구하고 있는 것인지도 모른다.

협상의 목적은 한마디로 '굿딜Good Deal', 즉 '좋은 거래'를 획득하기 위한 것이다. 미국 대통령 도널드 트럼프Donald Trump, 1946~ 는 "나는 거래 자체를 위해서 거래를 한다."라고 말한다. 거래란 제품이나 서비스 혹은 기술을 사고파는 것, 투자를 주고받는 것, 또는 다양한 이슈를 둘러싼 흥정과 타협을 의미한다. 초경쟁 글로벌 시대이자, 불확실성과 저성장의 시대인 지금은 수많은 이슈를 둘러싼 이해관계의 상충과 자기 떡을 찾으려는 치열한 경쟁으로 인해서, 온갖 갈등과 분쟁이 발생한다. 크게 보면, 세상을 움직이는 전향적Plus(+)인 힘과 반향적Minus(-)인 힘은 충돌할 수밖에 없으며, 중요한 고비에서는 주도면밀한 협상을 거쳐야만 한다. 파트너십도 어려운 협상 과정을 거쳐야 확고해진다.

굿딜이란?

"이것이 문명국 우방 간의 협정인지 눈을 의심하게 될 지경이다. 이는 마치 전승국이 패전국으로부터 노획물을 독점하고 있는 것과 유사하다."

1986년 말 이뤄진 한미 지재권협상 결과에 대한 일본 동경대 나카야마 신코우中山新興교수의 논평이다. 한 마디로, 한국은 미국과의 통상 현안에 관한 협상에서 아주 불리한 딜Deal을 한 것이라는 평가를 한 것이다. 최근 일본과의 위안부 문제 협상 결과에 대해서도 논란이 많다. 2016년 12월 28일 이루어진 한일 간의 최종 합의는 일본 총리의 사죄 및 반성 표명과 10억 엔 규모의 위안부 재단 기금 출연에 합의하는 등 지금까지의 어느 협상에서 보다 큰 진전을 이루었지만, 최대 쟁점인 일본의 국가적, 법적 책임 인정을 확연히 얻어내지 못했다는 점에서 '절반의 성과'에 불과하다는 비판 또한 받고 있다.

최근 전 세계의 이목을 집중시켰던 알파고와 이세돌 간의 바둑 대국에 관한 협상의 뒷이야기 또한 시사하는 바가 크다. 이세돌은 이 '세기의 대국' 참가 조건으로 미화 100만 달러의 보상을 받기로 했었다는데, 이는 구글 측에서 지불할 용의가 있었다는 1,000만 달러에 비하면 그야말로 비스킷 조각에 불과한 수준이었다. 구글 회장 에릭 슈미트에 의하면, 한국 측은 구글이 오랫동안 준비한 계약서의 초안을 재빠르게 승낙해 버렸다는데, 이는 한국인 특유의 후끈 달아오르는 기질과 구미인들의 계약문화 및 협상 스타일에 대한 이해의 부족을 여실히 보여준 일이다. 만약, 한국 측에서 누군가 1,000만 달러 이상의 대국료를 불렀다면, 비록 최고의 굿딜은 아니었더라도 아쉬움만은 덜 했을 것이다. 구글은 인간 최고의 고수와 인공지능 간의 대결을 부각시키려는 홍보로써 천문학적인 마케팅 효과를 얻었으니, 그것을 바라보는 입장에서 상대적인 박탈감이 컸다. 시장, 인간, 문화에 대한 이해와 통찰은 오늘날의 협상에서 꼭 필요하다.

굿딜이란 기본적으로 상대방과 자신이 서로 이해하고 공감하는 가운데, 서로 간에 유익한 방향으로 합의가 이루어지고, 그 결과에 대해서도 서로 만족할 수 있는 거래이다. 굿딜은 지나치게 양보하거나 이기려고만 해서는 절대로 얻을 수 없다. 또한, 완전히 쥐어짜듯 밀어붙이다가 막판에 약간의 양보를 하면 넙죽 받아먹는 식의 협상으로도 전혀 기대할 수 없다. 굿딜의 조건은 원하는 것을 얻어내되, 상대방의 입장에서도 이득이었다는 기억이 남게 하는 것이다. 굿딜은 시장, 인간, 문화에 대한 이해와 통찰을 포함한다. 굿딜의 대전제는 현재의 비즈니스와 파트너십을 보다 진전시키는 데 있다.

굿딜, 파트너십을 위한 대장정

협상의 결과에 대한 평가는 다양하다. 국가 간의 굵직한 현안에 관한 협상에서뿐만 아니라, 기업 간, 개인 간의 협상에서도 그 결과에 대한 평가는 천차만별이다. 정말 최선을 다해서 협상에 임했으나, 별로 실익이 없다거나, 형편없는 딜을 했다고 주변의 뭇매까지 감수해야 하는 경우도 발생한다. 절반의 성과 이상이라는 평가를 듣는다면 다행일 수도 있다. 예로서, 한일 간의 위안부 문제 협상2016년 12월은 정말 기분 좋은 뒷맛을 남기지는 못한 것 같으며, 혹자는 그 협상은 돈 몇 푼에 희생자들의 혼을 팔아먹은 것이라고까지 말한다. 진정한 굿딜은 파트너십을 위한 대장정大長征을 여는 것이다.

협상의 목적은 협상을 하지 않았을 때보다 더 나은 성과를 얻기 위함에 있다. 그러므로 사안의 그림과 방향을 무시한 채 협상에 임해서는 안 된다. "윈-윈"이라는 이상적인 개념에만 집착해서도 안 된다. 협상의 진정한 승리는 상대방에게도 적절한 명분과 이득을 주면서 실리를 차지하는 것이다. 굿딜이냐 아니냐의 여부는 실리와 명분의 조화, 그리고 비즈니스의 연속성에 달려 있다. 배드 딜Bad Deal보다는 차라리 노 딜No Deal을 택하라! 협상은 파트너십을 견고하게 하기 위한 수단이자 과정임을 기억한다면, 굿딜은 이미 당신의 손에 쥐어져 있을 것이다.

제2절

고수는 욕망과 현실의 주관자이다

요구보다 욕구를 공략하라

"여보, 어디 있소? 당신도 그동안 정말 고생이 많았구려~"

"예, 저 여기 있어요."

"첫째는?"

"예, 저 여기 있어요."

"둘째는?"

"예, 저 여기 있어요."

"셋째는?"

"예. 저 여기 있어요."

"아니, 가게는 어떻게 하고 다들 여기 와 있어?"

어느 부유한 유대상인이 노환으로 죽음에 처하게 되자 가족을 불러 모았다. 임종을 맞은 그의 부인과 세 아들은 한 사람씩 차례로 정신이 혼미한 그의 곁에 다가서며 마지막 인사 겸 유언을 듣게 되었다. 그는 한 사람씩 곁으로 다가오라고 하더니, 그들의 음성을 차례로 듣고서는 벌떡 일어나 버렸다. 그의 아내와 세 아들은 혼비백산하여, 유산 분배에 대한 서로 간의 '밀당'을 일단 접어야 했다. 죽음의 문턱에 선 그의 머릿속에는 오직 평생 일구어 온 비즈니스와 가게에 대한 생각뿐이었다. 위의 우화가 시사하듯 인간의 욕망이란 정말 끝이 없는 것 같다. 부유한 상인의 욕망은 천국까지 이어질 것인가?

요구와 욕구, 입장과 이해

인간은 삶의 최후의 순간까지 세 가지를 포기하지 않으려 한다. 비즈니스맨이든 주부든 정치가든 간에 그들을 끝까지 버티게 하는 것은 힘Power, 사회성Sociability 그리고 욕망Desire이다. 사람은 돈 이외에도 '명예롭고 싶다', '출세하고 싶다', '인정받고 싶다', '좋은 인간관계를 유지하고 싶다', '사랑하고 싶다' 등 수많은 욕망을 갖고 있으며, 그 크기는 무한하다. 욕망은 '이해관계', 즉 실익을 저울질하면서 겉으로 표출되거나Interest, 아니면 내면 깊숙한 곳에 숨어있다Hidden Interest. 욕망이 겉으로 표출되는 것이 바로 '요구', 즉 '입장Position'이다.

협상의 시발점은 이해관계와 입장의 분명한 정리이다. 협상에서 자신의 요구나 입장을 정확히 전달할 수 있다면 의견 차이나 오해가 해소되고 진전이 빨라질 수 있다. 대부분의 사람들은 그에 익숙하거나 경험을 갖고 있지 않기에, 오직 몇 마디의 말로써 자신의 요구나 입장을 관철하려고 하거나, 상대방의 요구나 입장에 저절로 매몰되는 경향이 있다. 협상에서는 이와는 달리 상대방의 욕구, 더 나아가 내면에 숨어 있는 욕구를 파악할 줄 알아야 한다. 내면의 욕구를 알지 못하면서 어떻게 상대방을 제대로 이해하고 요리할 수 있겠는가?

내면의 욕구, 심리적 본능을 자극하라

그러면, 내면의 욕구를 공략하려면 어떻게 해야 하나? 가장 간단한 방법은 '창조적 대안'을 제시하는 것이다. 1940년대 미국의 유명한 육체파 여배우 제인 러셀Jane Russell, 1921~2011과 저명한 영화 사업가 하워드 휴스Howard Robard Hughes, Jr. 1905~1976 간의 전속료 협상은 아주 잘 알려진 사례이다. 러셀은 1년 전속료로서 당시로써는 어마어마한 액수인 100만 달러의 일시불을 요구했는데, 이에 대하여 휴스는 20년간 5만 달러씩의 분할지급을 제안했다. 러셀은 결국 이 조건을 받아들였는데, 그 이유는 휴즈가 러셀의 불안 회피욕, 세금 회피욕, 그리고 전속료 100만 달러짜리 슈퍼스타로서의 명예욕을 자극하면서 '장기분할지급'이라는 창조적 대안을 도출했기 때문이다.

창조적 대안은 명료한 해법이지만 쉽지는 않다. 그럴 경우에는 상대방의

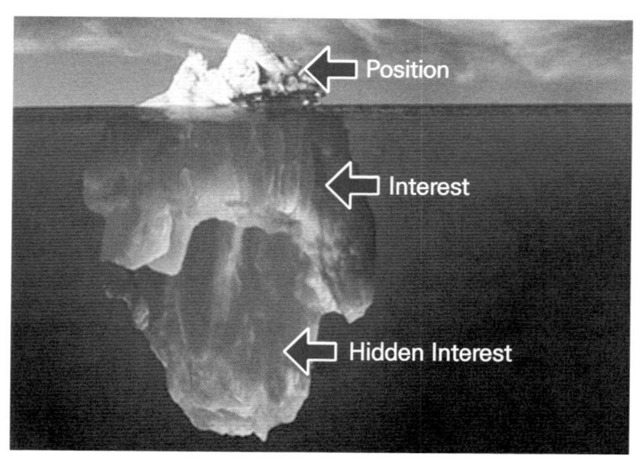

숨은 욕구(Hidden Interet)란 내면 깊숙이 자리잡고 있는 욕구이며,
고수들은 그것을 공략한다.

내면 깊은 곳에 '숨은 욕구'를 찾아서 건드릴 필요가 있다. 숨은 욕구는 본인도 놓치고 있던 욕구이기에 그것을 자극하기란 쉽지 않다. 사실 겉으로 표명된 욕구는 본인도 인지하고 있는 욕구인 반면, 숨은 욕구는 본인이 잘 인지하지 못하고 있는 욕구이므로 정말 정곡을 찌르지 않으면 끄집어낼 수 없다. 숨은 욕구를 공략하려면 뛰어난 직관력의 소유자가 되거나, 상대방의 관심사의 본질 및 고민에 대하여 면밀히 파악할 수 있어야 한다. 만약, 상대방이 "야, 정말 족집게네, 어떻게 내 속을 그렇게 잘 알아?" 혹은 "와, 그거 괜찮네~"라는 식으로 반응한다면, 그의 숨은 욕구는 확실히 드러난 것으로 단정할 수 있다. 예를 하나 들어보자.

중국 전국시대B.C. 403~221 위나라의 재상이었던 맹상군은 뛰어난 외교가이자 지략가였다. 노비의 아들로 태어난 그는 외모 또한 볼품이 없었지만, 훗날 재상의 반열에 오른 뒤에는 수천 명의 재사를 식객으로 거느릴 정도로 명망을 얻고 있었다. 그러던 어느 날, 왕비가 병으로 죽자 왕은 그에게 여러 명의 후궁 중에서 누구를 왕비로 삼아야 할지 의견을 말하라고 하였다. 맹상군의 입장은 정말 난감했다. 그는 왕의 심리적 본능에 착안했다.

왕비의 간택 문제는 정치적으로도 매우 민감한 사안이었다. 그 이유는 첫째, 본인의 의중을 감추려는 왕의 심기를 건드리지 말아야 하는 점, 둘째, 자칫하면 정쟁에 휘말려 화를 입을 수 있는 점 때문이었다. 권력을 둘러싼 경쟁과 암투가 끊이지 않던 그 시절, 이는 매우 민감한 국가대사였다. 그런데 맹상군의 지혜는 놀라웠다. 그는 궁리 끝에 후궁들 수만큼의 옥玉 귀걸이를 왕에게 바치면서, 그 속에 최상품 하나를 포함시켰다. 왕은 그 귀걸이들을 후궁들에게 하사하였는데, 이때 맹상군은 첩자들을 풀어 가장 멋진 귀걸이가 어느 후궁에게 하사되었는지를 알아낸 다음, 그녀를 왕비로 추천하였다. 결국 그의 판단과 행동은 왕의 의중을 정확히 꿰뚫었으며, 왕은 크게 기뻐하였다. 인간의 본능은 누구나 매력적인 여성에게 쏠리게 마련인데, 맹상군은 바로 그 점에 착안, 왕의 체면과 숨은 욕구를 충족시켜준 것이다.

협상에서 상대방이 겉으로 드러내는 요구와 내면의 욕구는 다를 수 있다. 노련한 협상가는 상대방 내면에 감추어진 욕구를 찾아내고 그것을 공략한다. 내면의 욕구를 공략하려면 고도의 논리 전개보다는 심리적 본능을 자극하는 지혜가 필요하다. 이런 지혜를 가진 사람은 이미 승리의 8부 능선은 넘었다고 할 수 있다. 무릇 역사란 인간 욕망의 누적된 이야기들이다. 숨은 욕구의 공략! 최고의 파트너십은 그로써 탄생한다.

마음을 읽고, 마음을 얻어라

"어떤 사람이 반드시 아주 기뻐할 때는 그의 욕망을 극대화시킬 수 있다.
사람이 욕망을 느낄 때 자신의 생각을 숨길 수 없는 법이다.
반면, 그가 두려워할 때는 접근해서 증오를 극대화시킬 수도 있다.
사람이 증오를 품을 때 자신의 생각을 숨길 수 없다.
협상가는 감정과 욕망의 변화를 통해서 내심의 미묘한 변화를 읽어야 한다."

중국 전국시대의 사상가 귀곡자鬼谷子, B.C. 4C의 사상을 담은 '귀곡자' 제7편에 나오는 '췌정揣情'의 의미이다. 췌정은 '겉으로 드러나지 않고 숨겨진 속마음을 헤아리는 기술'을 의미한다. 이는 다소 모략적인 느낌을 주기는 하지만, 격변의 21세기에서도 시사하는 바가 크다. 상대방의 마음을 읽는 것은 국가대사나 비즈니스의 성사를 위한 시작이며, 최후의 순간까지 그 마음을 얻지 못하면 아무것도 손에 넣을 수 없다.

반면을 읽어라

사춘기 시절 짝사랑하던 이성의 속마음을 알지 못해서 애를 태워보지 않은 사람은 거의 없을 것이다. 권력을 노리는 정치가로서 민중의 마음을 얻으려고 노력하지 않는 사람도 없다. 치열한 전쟁을 이끄는 장수 또는 사업가로서 마주한 적장이나 파트너의 머릿속에 어떤 생각이 들어있을까에 대해서 절치부심하지 않는 사람 또한 없을 것이다. 2차 세계대전 당시 북아프리카 전선에서 독일의 롬멜 원수와 마주친 영국의 몽고메리 원수는 적장인 롬멜의 의중에 대한 생각을 한시도 놓치지 않겠노라고 다짐하며 사막전 내내 롬멜의 사진을 집무실 벽에 걸고 자신의 차에 싣고 다녔다고 하지 않는가?

협상가로서 상대방의 구상과 의중을 꿰뚫을 수 있다면, 그 협상은 100% 성공이다. 하지만 행위로 드러나는 사람의 속마음에 대해서 탐구한다는 것은 쉽지 않다. 중요한 것은 인간과 사물의 양면을 바라보는 것이다. 세상만사에는 대립되는 현상이 병존하기 마련인데, 그 하나는 정면正面이고, 다른 하나는 반면反面이다. 이 두 가지는 서로 다른 메시지를 주면서 교차하거나 이어진다. 욕망이나 감정이 바뀌면 그 모습이 밖으로 비춰지게 마련인데, 협상자는 그 순간 드러나는 모습을 통해 상대방의 진심을 읽어내야 한다. 만약 그러한 모습이 포착되지 않는 경우에는 잠시 협상을 중단하고 주변 상황을 탐문, 상대방이 어떻게 해서 흔들리지 않는지에 대해서 감지해야 한다. 마음 깊은 곳을 헤아리고 속사정을 파악하면 원하는 것을 반드시 얻을 수 있다.

엔노이아, 묵상하고 헤아려라

협상에서 상대방의 마음을 읽으면 모든 일이 저절로 될까? 헤아림은 내면과 행동의 일치가 전제되어야 하며, 이때 필요한 것은 상대방의 뜻에 부응하면서 합일점을 찾아내는 것이다. 그럴 경우 뒤늦게 실마리를 감추거나 딴마음을 품는 것은 취할 바가 아니다. 그것은 좋은 선물을 받은 후 감사의 표현을 하다가, 필요 없는 물건을 주었다고 갑자기 비난하는 것과 무엇이 다르겠는가? 아무리 상대방의 마음을 잘 읽는다고 해도 진정성 있는 태도로써 그 마음과 성과에 이르는 과정을 어루만지지 못한다면 대화조차 시작하지 않는 것이 타당할 것이다. 진정성은 '엔노이아Ennoia', 곧 '자신의 상식을 벗어나 타인의 처지를 묵상하고 헤아리는 능력'에서 나온다.

협상의 어려움은 설득이나 주장에 있는 것이 아니다. 협상의 어려움은 상대방의 속마음을 읽고 자신의 주장을 그에 합치시키는 데에 있다. 상대방이 명분에 치우치는데 오직 이익으로 접근한다면, 그는 명예가 손상된다고 생각하면서 멀어진다. 반면, 상대방이 이익을 원하는데 오직 그럴듯한 명분으로만 접근한다면, 그는 실익이 없다고 불만에 빠진다. 상대방이 큰 이익과 명분을 동시에 원함에도 불구하고 이를 무시하면 관계가 아예 단절된다. 그 어느 경우라도 중요한 것은 협상의 모든 과정에서 열의와 진정성을 보임으로써 잊지 못할 존재가 되는 것이다. 인간의 무한한 욕구도 그 욕망을 헤아리는 혜안 앞에서는 유한할 수 있다. 노련한 협상가가 되려면 상대방의 내면을 읽을 수 있는 직관의 발휘자이자 마음의 정복자가 되어야 한다.

욕망의 크기와 진실의 무게를 견주라

"좀도둑과 담판하러 왔다."

"우린 날강도와 담판하고 있다."

미국과 중국 간의 지적재산권 분쟁을 둘러싼 협상이 진행 중이던 어느 날1990년대 초 미국 무역대표부USTR 대표 칼라 힐스Carla Hills, 1934~ 와 중국 상무부 부부장 우이吳儀, 1938~ 간에 오간 이 대화는 양국 간의 갈등과 견제가 얼마나 극심했었는지를 잘 설명해준다. 두 나라 사이의 이해관계가 아무리 크게 엇갈려 있더라도, 여성 대표들 간에서도 이 정도의 대화가 오갔다는 것은 누구의 말이 정말 옳은 건지, 창조주가 만든 인간의 욕망이 얼마나 큰지에 대해서 대변해 주는 것 같다. 만약 세상의 모든 비즈니스가 욕망의 극대화를 다루는 일이라면, 그 속에 담겨 있는 진실의 무게는 어느 정도가 될까? 또한 그러한 문제를 다루는 글로벌 관점에서의 기준은 없을까?

욕망과 진실, 사느냐 죽느냐?

욕망과 진실의 문제를 놓고서는 떠오르는 인물이 하나 있다. 16세기 스페인 국왕이었던 필리페 2세Felipe II de Habsburgo, 1527~1598는 위대한 정복자이자 신실한 가톨릭 신자이었는데, 그의 생애는 오스만 튀르크와의 전쟁레판도해전, 1571에서의 승리와 포르투갈 병합 등 영토 획득으로 스페인 역사상 최고의 전성기를 이끌었으나, 무적함대에 의한 잉글랜드 정복 시도 실패 및 신대륙에서의 입지 위축 등으로 네 차례나 국고 파탄을 겪었고, 결국에는 왕국의 쇠퇴를 초래하였다. 협상보다는 전투를 택한 그는 "나는 이단의 통치자가 되어 하느님의 가호와 신앙에 손상을 입히느니 차라리 국가와 함께 목숨을 버리겠다."고 말할 정도로 진실에 무게를 두었던 사람이다.

욕망의 크기에는 제한이 없다. 진실의 무게에도 제한이 없다. 욕망이든 진실이든 취할 때까지 취하고, 지킬 때까지 지키려는 것이 인간의 본성이다. 비즈니스에서나 전쟁에서나 이 두 가지를 모두 지키려는 것은 사느냐 죽느냐의 문제와도 직결된다. 무릇 난세의 영웅이란 정도正道와 곁길 가운데에서 균형을 잃지 않는 사람이다. 글로벌 스탠더드이든 작은 규범이든 왕도王道와 패도覇道를 구별하고 조화점을 찾는 것은 오늘의 시대에도 필요한 일이다. 협상가로서 반드시 기억해야 할 것은 그때그때의 상황에 따라 계략과 이익을 지나치게 탐하지 않는 것이다.

플랑드르 출신의 화가 캥탱 마시스(Quentin Massys, 1464~1530)가 그린 「대금업자와 그의 아내」. 그림 속 두 사람의 미묘한 표정 및 금화와 저울은 욕망의 크기와 진실의 무게를 은유적으로 설명한다.

좀도둑이든 날강도이든 그건 바람직하지 않다.

초경쟁 글로벌 시대의 비즈니스 무대는 관점의 변화와 적응을 요구한다. 파트너십에 대한 접근도 마찬가지이다. 오직 명리 추구에 탐닉하여 회계 부정을 저지르거나 사회적 책임을 망각하는 기업의 일탈을 바라보라! 본질보다는 연결과 공유가 앞서는 시대에 협상가로서 욕망의 크기와 진실의 무게를 조화시키는 혜안은 아무리 강조해도 지나치지 않는다. 탈무드에서는 "진실을 파괴하지 않고 평화도 지킬 수 있는 길이 바로 타협이다."라고 말한다. 세상이 변하고 사람이 바뀌어도 파트너십은 영원해야 한다.

키신저가 될래, 귀곡자가 될래?

1993년 봄 중국 개방 초기의 어느 날, 상해 출장 중 묵었던 호텔의 커피숍에서 어디선가 들어본 듯한 음성이 바로 뒤에서 들리기에 슬쩍 돌아보니 헨리 키신저Henry Kissinger, 1923~ 가 있었다. 놀랍고 반가웠다. 언론이나 잡지에서 본 것처럼 굵고 검은 뿔테 안경을 낀 그는 굵은 자라목을 상의 깊숙이 넣은 채 비스듬히 앉아서 주한 미국대사를 지낸 로버트 슈나이더와 함께 담소를 즐기고 있었다. 헌데 면후심흑面厚心黑이랄까? 그의 얼굴은 비밀 외교의 달인답게 속을 알 수 없이 두꺼워 보였다. 그는 도널드 트럼프 대통령에게 "미국의 지도자는 근본적인 국가이익이 무엇인지를 명확히 인식해야 한다. 수많은 분쟁이 눈을 가려서는 안 되며, 새로운 문제를 보는 시각에 영향을 줘서도 안 된다."라고 말했었다2012년 12월. 한마디로 그는 냉혹한 현실주의자이다.

협상가, 그 다양한 면모들

헨리 키신저, 그의 별명은 귀신저, 귀신 잡는 메신저이다. 그는 초강대국 미국의 국무장관이자 비밀 외교의 주역으로서, 냉전기의 미국과 구 러시아

간의 충돌, 베트남 전쟁 등 굵직한 분쟁의 타결자로서 미국과 중국 간의 수교까지 낳게 한 시대의 걸물이다. 그는 나폴레옹 몰락 후 유럽의 질서 재편에 목적을 둔 빈 회의1815를 주도한 오스트리아 수상 클레멘스 폰 메테르니히Klemens von Metternich 1773~1859의 외교술 연구로 박사학위를 받았고, 그를 롤모델로 삼았다는 현실주의자이다. 키신저나 메테르니히나 그 공과에 대해서는 논란이 있지만, 현상을 유지할 것인가 타파할 것인가라는 문제에 대해서는 냉혹하기 그지없는 협상가들임에는 틀림이 없다.

협상가들의 면모는 정말 다양하다. 역사적으로나 오늘날에나 뛰어난 인물들이 많다. 스페인의 이사벨라 여왕으로부터 신대륙 탐험을 위한 후원을 얻어낸 크리스토퍼 콜럼버스, 나폴레옹 몰락 후 패전국의 대표자임에도 불구하고 빈 회의를 막후에서 요리한 프랑스 외상 모리스 탈레랑, 냉전 시대 무려 45년간 구소련의 외상으로 활약한 안드레이 그로미코, 1962년부터 24년간 사우디 석유상을 지내면서 석유시장의 제왕으로 군림한 세이크 야마니, 무하메드 알리 등 최고의 복서들을 장악했던 흥행사 돈 킹, 메이저 리그 구단주들에게 공공의 적으로 통하던 스포츠 에이전트 스캇 보라스, 그리고 세 치 혀로 수십만 대군을 물리친 고려의 명장 서희와 특유의 배짱으로 유럽 투자가들로부터 거액의 선박 건조 자금을 유치한 현대그룹의 정주영 회장 등, 그 면모는 정말 다양하다.

모리스 탈레랑(A.D.1754~1838)
나폴레옹 시대 전후 유럽 국가들 간의 세력 판도를 요리한 최고의 협상가이자 현실주의적 타협의 명수

협조적 경쟁자를 넘어 타협가로

그렇다면 이들 각각의 특징은 무엇일까? 그들은 호랑이인가 늑대인가? 아니면 여우인가 고양이인가? 그들의 속은 두꺼운가 얇은가? 그들은 경쟁적인가 협조적인가? 노련한 협상가라면 그 어느 협상에서도 완전히 경쟁적일 수도, 완전히 협조적일 수도 없다. 만약 '강경한 적대자'이거나 '완전한 협조가'가 아니라면, 최선의 길은 '협조적 경쟁자'가 되는 것이다. 좀 더 이야기해 보자.

먼저, 강경한 적대자는 수단과 방법을 가리지 않으며, 그 언행을 예측하기 어렵다. 때로는 악의적이며 신뢰할 수도 없다. 술수적 외교가나 인질범들이 그 예이다. 다음으로, 완전한 협조자는 추구하는 가치와 견해에는 차이가 있지만, 자신의 의사를 개방하면서 진솔하게 문제에 접근한다. 정의로운 결과인가에 관심을 두기도 한다. 사이좋은 동업자, 좋은 친구, 행복한 부부가 바로 그 예이다. 마지막으로, 협조적 경쟁자는 양극의 상황에서도 서로 보완적이고 협조적이며, 또 다른 국면에서는 경쟁적이거나 적대적인 입장을 견지한다. 하지만 종국에는 타협을 이끌어 낸다. 노련한 협상가란 바로 그러한 사람이다.

필자는 과거 국제무대의 다양한 협상 과정에서 'Compromise'라는 표현을 접한 경우가 많았다. 당시에 타협Compromise이라는 말은 마치 불리한 상황에서 굴종적인 자세로 흥정에 임하거나, 미흡한 흥정에 마지못해 따르는 것을 의미하는 것이 아닌가라는 의문이 들기도 했지만 타협이야말로 가장 노련한 고수들의 면모임을 자주 발견하곤 했다.

협상에서는 완전히 경쟁적일 수도 완전히 협조적일 수도 없다. 협상은 부드러우면서 동시에 강경한 타협에 능숙할 것을 요구하기 때문이다. 협상가로서의 노련한 면모는 바로 그럴 때 드러나며, '타협의 명수'가 '진정한 고수'인 이유는 바로 거기에 있다. 타협은 협조적 경쟁자를 넘어 카멜레온처럼 변화무쌍하게 움직이는 사람의 것이다.

흔히 윈-윈 게임을 하라고 말한다. 하지만 윈-윈이라는 말처럼 막연한 말도 없다. 엄밀히 말하면, 윈-윈은 타협보다 한 차원 아래의 단계에 속한다. 협상에는 설득, 흥정, 윈-윈, 타협 등 여러 단어가 난무하지만, 각각의 의미는 전혀 다르다. 타협은 협력이나 윈-윈보다 높은 차원의 국면에서 이루어지는 것이다. 타협은 경쟁, 회피, 순응, 협력 등 모든 접근의 대승적인 결합을 취하는 것이다. 윈-윈의 자세는 바람직하다. 하지만 어설픈 윈-윈에는 실

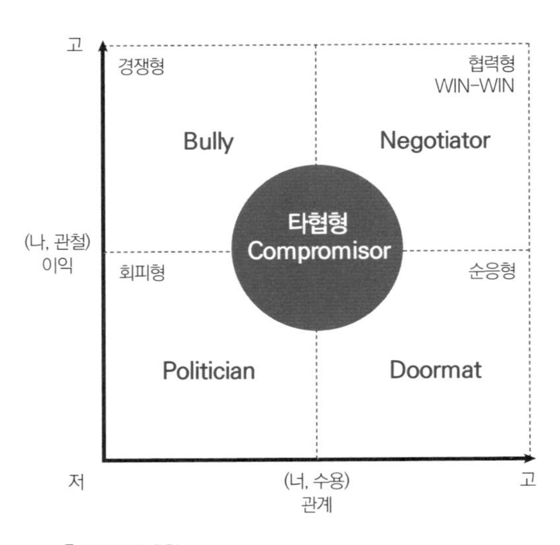

▌협상가의 유형

익이 없다. 노련함의 정수는 어설픈 윈-윈보다는 현실감 있는 타협에 이르는 것이며, 진정한 고수는 바로 대타협을 성공시키는 사람이다.

대타협의 시대, 현실감과 냉혹함으로 무장하라

귀곡자, 그는 키신저 다음으로 만나고 싶은 사람이다. 키신저보다 이천삼백살 이상 선배인 그는 국가경영, 외교, 비즈니스에서 도의보다 현실을 중시할 것을 강조했다. 중국산 마키아벨리즘의 원조라고도 할 수 있는 그는 유세와 책략의 대가이자 합종合從과 연횡連橫의 창안자였던 한비자韓非子, B.C. 280~223와 더불어 난세에 필요한 '설득'과 '타협'의 기술에 대해서 귀신이 곡할 만큼 세밀히 갈파하였다. 세상은 격변하고 있다. 초경쟁 글로벌 시대의 협상가는 노련함을 넘는 현실감과 냉혹함으로 무장해야 한다.

협상은 결단과 결정의 과정이다. 만사의 향방은 결단에 의해 좌우되며, 하나하나의 결정 또한 그에 따라야 한다. 타협은 그 종착역이다. 타협은 적당한 수준의 윈-윈이 아니며 야합도 물론 아니다. 타협은 지혜 이상의 가치관과 국제 감각을 요구한다. 목가적 시대는 끝났다. 이제 생존과 번영을 추구해야 할 오늘날 필요한 것은 규칙과 금도를 존중하되, 현실감에 입각한 타협을 이끌어내는 능력이다. 때로는 키신저처럼 두껍고, 귀곡자처럼 냉혹하라! 새로운 시대, 새로운 무대를 주도하는 협상가가 되려면, 상황을 냉철히 직시하는 대타협가로서의 면모를 유지하며, 감각의 칼을 휘두를 수 있어야 한다.

◇◇◇

협상은 상대방을 내 뜻대로 움직이는 기술이다. 협상의 다양한 국면에서 유리한 고지를 점하고 원하는 것 이상의 성과를 얻으려면, 강자와 약자, 갑과 을의 입장에서 다양한 전략과 전술을 꿰뚫고 구사해야 한다. 협상에서 높은 목표는 국면 장악의 시발점이며, 힘, 정보, 시간에 쫓기지 않아야 유리한 고지를 점할 수 있다. 협상자는 협상의 결렬에 대비하여 상대방과 자신의 최적대안BATNA을 견주되, 관계와 성과 간의 모순에 대해서 염두에 두어야 한다. 협상 테이블에서 양보와 반전의 드라마는 협상 시나리오의 준비로써 시작되며, 고수들은 경쟁하면서 손을 잡는다.

제 2 장

다양한 전략과 전술을 구사하라

당신이 싸움을 원하지 않는다면 타협하라.

빌리 브란트(Willy Brandt, 1913-1992) 전 서독 수상

제3절

예측, 디자인, 패키징하라

목표를 크게 잡아라

3년여 전 어느 날, 필자의 절친한 벗이 전화를 걸어왔다. 오랜만에 연락해 온 그는 척추디스크로 인해 병원에서 입원치료를 받으시던 가친께서 의료사고를 당해 병원 측과 보상 문제로 다투고 있다고 말하며 조언을 구하였다. 필자는 그에게 전문 변호사를 고용하되, 병원 측에는 처음부터 아주 높은 보상액을 요구하라고 말해 주었다. 그 이유는 그의 마음을 편하게 해주기 위해서라거나, 공연히 그를 부추기기 위해서가 아니라, 과거의 경험상 그것이 바람직한 접근이라고 생각했기 때문이었다. 그 결과는 어떠했을까? 국가, 기업, 개인 간의 중차대한 협상에서도 유사한 경우는 많다. 어느 경우든 원하는 만큼 얻고자 하는 것은 값진 다이아몬드를 캐내려는 것과 같은 일인지도 모른다.

협상의 다이아몬드, 목표가 우선이다.

'협상의 다이아몬드'라는 개념이 있다. 협상의 성과는 목표, 전략, 의사소통, 협상력에 의해서 좌우되는데, 이를 협상의 성과를 중심에 두고 도형화하면 다이아몬드의 형상이 그려지는 데에서 나온 말이다. 협상의 개념적 고찰에 의하면, 협상의 다이아몬드에서 가장 중요한 것은 목표이다. 이는 여러 분야에서의 경험적 수치를 통해서도 입증되었는데, 위에서 언급한 의료사고 같은 경우에도 적용된다. 미국의 어느 법률기관 조사에 의하면, 대형 병원의 의료사고 부작용에 대한 환자 소송의 경우, 100만 달러의 보상액을 요구하는 변호사는 75만 달러에 타결을 이루지만, 30만 달러의 보상액을 요구하는 변호사는 8만 달러에 타결을 이룬다고 한다. 그것은 목표를 크게 잡고 싸운 변호사가 훨씬 좋은 결과를 거둔다는 사실을 입증해 주는 것이다.

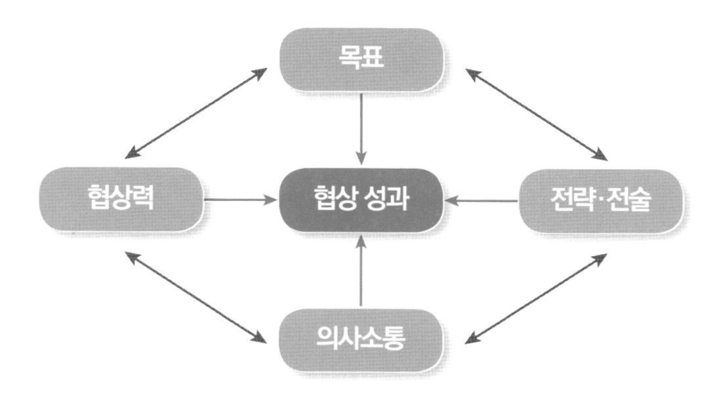

▌협상의 다이아몬드

협상에 임하기에 앞서 최우선적으로 고려할 것은 목표이다. 목표는 높게 설정하는 것이 전략적 측면에서도 유리하다. 높은 목표는 상대방에게 혼란과 위압감마저 줄 수 있으며, 마치 대자연을 조망하듯 협상의 거시적 국면에 대한 주의를 집중시켜 준다. 목표는 협상 중 세세한 이야기를 진전시켜나가다 보면 어느덧 그것을 놓치게 하는 속성을 갖고 있는 바, 크고 확연해야 한다. 목표가 크면, 설사 그에 이르지 못하더라도 어느덧 나름대로의 성과에 도달한 자신을 발견할 수 있다. 달을 향해서 달리면 별들 사이에는 있게 되는 법이다.

대담해야 크게 이긴다

흔히 "○○○는 대담해!"라는 말을 한다. 대담하다는 말은 곧 '간이 크다'라는 말로서 용기와 결단력이 있다는 의미를 갖고 있지만, 지나치게 무모한 행동에 유의하라는 의미 또한 내포하고 있다. 하지만 간이 콩알만 해질 필요는 없다. 지나치게 과도한 목표를 설정한 경우가 아니라면, 간이 큰 사람이 프로이자 성공률이 높은 협상가이다. 간은 전사의 용감성을 관장하는 장기臟器이다. 정말 놓칠 수 없는 프로젝트와 치열한 수주전쟁, 그리고 큰 규모의 계약을 앞둔 사람이라면 더욱 간이 커야 한다. 대담한 사람이 크게 이기는 법이다.

유능한 협상가는 목표를 크게 잡는다. 높은 목표는 협상 과정에서의 크고 작은 실패나 전략상의 오류에 대해서 경각심과 대안 의식을 불러일으켜 준다. 그것은 상대방의 정신적 부담감을 높이면서 선택을 유도하는 데 유리하다. 높은 목표는 비록 적대적인 상대자 앞에서라도 전전긍긍하거나 머뭇거리지 않게 만든다. 협상가의 셈법은 다르다. 높은 목표는 가슴을 뛰게 하고 피를 끓게 만든다. 유능한 협상가가 되려면 목표를 크게 잡아라!

시나리오를 잘 짜고 연습하라

'도상연습MAPEX'은 공격의 목표 지점이나 시설을 지도 위에 표시한 다음, 도구나 부호를 사용하여 실제 작전처럼 실행하는 것이다. 스위스 출신의 군사 전략가 앙투안 조미니Antoine-Henri Jomini, 1779~1869에 의해 창안된 이 개념은 기하학적 사유와 전쟁 불변의 원칙을 토대로 만들어진 것이다.

조미니의 이러한 접근은 초경쟁 시대인 오늘날의 비즈니스 전쟁과 기업 경영에도 적용될 만하며, 그의 주장은 중국의 손자孫武, B.C. 545~470?와 프로이센의 클라우제비츠Carl von Clausewitz, 1780~1831보다 더 중요시되기도 한다. 도상연습은 한 마디로, 시나리오를 만들고 그대로 한번 해보는 것이다. 협상에서도 도상연습과 같은 예측, 준비, 연습의 과정은 필요하며, 이는 한 번의 날카로운 시도로 협상을 조기에

앙투안 앙리 조미니(1779~1869)
스위스 태생의 군사 전략가로서 도상연습을 창안했다. 프러시아의 카를 폰 클라우제비츠와 더불어 군사전략의 대가로 쌍벽을 이룬다.

마무리시킬 수도 있다.

시나리오, 순서와 연결고리를 염두에 두라

협상에는 시나리오가 있어야 한다. 시나리오는 앞으로 일어날 일이나 이미 일어났던 사건을 놓고서 그 과정이나 상황을 이렇게 저렇게 꾸며 보는 일이다. 시나리오를 잘 짜고 리허설을 반복하다 보면 협상 전반의 구도뿐만 아니라, 상대방이 어떻게 나올지에 대한 수읽기까지 가능해진다. 시나리오는 깨질 수도 있다. 하지만 시나리오가 없이는 그러한 상황에 대처할 수 없다. 원칙을 깨기 위해서는 먼저 원칙을 알아야 하듯, 시나리오가 있어야 변화무쌍한 상황에서도 대처할 수 있다. 시나리오의 중요성은 아무리 강조해도 지나치지 않는다.

시나리오를 짤 때 고려해야 할 점은 순서와 연결고리 및 협상 테이블에서의 역할 분담이다. 한국인들은 선임자나 연장자의 협상력에 의존하는 경향이 강한데, 이는 정말 고쳐야 할 점이다. 멋진 드라마일수록 주인공은 한 사람이 아니다. 거기에는 주연, 조연, 단역, 악역, 희생양 모두 있어야 하며, 일촉즉발의 위기 앞에서도 필요한 것은 그들 각자의 역할이다. 시나리오를 잘 짜려면, 협상준비테이블NPT, Negotiation Preparation Table을 작성하고, 순서와 연결고리를 상상하면서 연습해야 한다. 협상준비테이블을 작성할 때에는 의제, 상대방의 표면적 요구입장, 창조적 대안, 숨겨진 욕구, 목표, 최적 대안BATNA 등을 고려해야 한다. 최적 대안은 최선, 차선, 차차선까지를 염두에 두어야 한다.

'이슈 레벨'보다는 '패키지 레벨'로 접근하라

협상자가 갖는 오류가 있다. 그것은 복수의 사안Issue들을 '하나하나Issue by Issue, Bundle by Bundle' 해결하려는 자세이다. '하나하나'의 문제점은 여러 개의 사안 중에서 가장 쉬운 것부터 다루는 것인데, 이는 곧 상대방에게는 가장 어려운 과제를 먼저 해결해 준다는 의미가 된다. 반면, 여러 개의 사안들을 연결하면서 다룰 경우에는 훨씬 다양한 해법의 도출이 가능하며, 협상을 유리하게 이끌어 갈 수도 있다. 여기에는 상대방의 곧 바른 저항이 있을 수 있지만, 그럴 경우에는 '만약If'이라는 '족쇄의 언어Joking Language'를 사용하면서 양보를 유도, 대화를 진행해야 한다.

협상에서는 '이슈 레벨Issue Level'보다는 '패키지 레벨Package Level'이 우월한 성과를 부여한다. 협상에서 정말 중요한 사안이라면 그것을 미리 앞세우고 서두를 필요가 없으며, 여차한 경우에는 비장의 카드로 쓸 수 있도록 감춰놓을 필요도 있다. 양보의 미덕이란 처음부터 베푸는 것이 아니다. 협상의 시나리오를 짤 때는 이 점에 유의하면서, 최악의 경우에는 자리를 박차고 나갈 수도 있다는 생각으로 준비하고 연습해야 한다. 준비와 연습이야말로 헛소리와 헛발질을 막을 수 있는 비장의 수단이다.

막후 협상을 염두에 두라

"이 부장, 혹시 조 부장을 서울에서 만났습니까?

"예, 지난 주말에 저녁을 같이했고, 오늘 그쪽으로 떠났을 텐데요."

"아니, 안 왔는데. 이상하다. 무슨 일이지?"

"글쎄요, 정말 이상하네요. 분명히 갔을 텐데~"

(끊었다가 다시 걸려옴)

"이 부장, 조금 전 조 부장이 이곳 공항에서 입국 절차를 마치자마자
경찰에 의해 체포된 후 구금 중인 걸 확인했습니다."

"아니, 뭐라고요? 큰일 났네! 헌데, 도대체 이유가 뭔가요?"

상사맨 시절 동남아 T국의 A사와 거래를 한 적이 있었다. 그 기업의 제품은 중동의 P국으로 향하게 되어 있었는데, A사는 거래 조건을 제대로 이행하지 않아 무척이나 속을 썩였다. 이에 번번이 뒤통수를 맞은 필자는 A사에 대한 대금 지급을 보류하고 품질 및 납기지연으로 야기된 문제에 대한 보상을 요구하였다. 그런데 문제는 전혀 예기치 않았던 상황으로 번지고 말았다. 그 내용인즉 A사 사장이 자신의 힘을 동원해서 명절을 틈타 한국을 방문 후 되돌아간 우리 측 주재원을 공항에서 납치해 버린 것이었다. 죄목은 '경제사범'이었고 그와 나는 공범으로 제소를 당한 상태였다. 난생처음 당한 이 인질극 같은 상황은 회사를 초긴장 상태로 만들었고, 필자는 수세에 몰린 가운데 어떻게 해서든지 난국을 타개해야 했다. 하지만 A사 사장을 만나기 위해

서 현지를 방문하는 것은 또 다른 납치극이 벌어질 수 있는 위험천만한 일이었다.

막후 협상, 인맥과 대리인을 활용하라

국제간의 교역에서 벌어지는 일의 형태는 다양하다. 소위 말하는 컨츄리 리스크Country Risk가 있거나 문화적 배경이 아주 다른 경우에는 전혀 예상치 않은 상황이 발생한다. 당시 겪었던 사건은 신문지상에서만 보았던 테러범이나 해적의 소행과 다를 바 없었고, 해결책 또한 난망했다. 필자는 그간의 경험을 되살리며 후진국 비즈니스의 특성인 '인맥'에 착안했다. 후진국 비즈니스에서 '인맥'은 비즈니스 창출부터 대금결제 완료 시점에 이르기까지 발생하는 여러 문제들을 해결하는 데 필수불가결의 무기이다. 필자는 그간 교분이 있던 A사의 경쟁사인 Z사 사장에게 전화를 걸어 그간의 상황을 설명한 후, 무슨 방법이 없겠느냐고 물었다.

이러한 상황에서 변호사의 조언은 '제3국에서의 막후협상'을 벌이는 것이었다. 이러한 방침 하에 Z사 사장에게 다시금 연락 후 조언을 구하려는 중, 필자에게는 떠오르는 것이 하나 있었다. 그것은 언젠가 Z사 사장실에서 본 사진 속의 얼굴이었다. 그 사진 속의 얼굴은 그 나라 군의 참모총장이었고, 문제를 일으킨 A사 사장의 '빽'은 그 나라 경찰의 총수였다. 뭔지 모를 자신감을 얻은 필자는 A사 사장에게 대리인을 통한 제3국에서의 협상을 제안함과 동시에 Z사 사장을 통한 막후협상에 돌입했다. 사실 A사 사장과 Z사 사장은 화교 출신의 먼 인척 사이였다. 참으로 미묘하게 얽힌 인맥들이었다.

양보와 반전의 드라마를 연출하라

제3국에서의 협상은 치열한 공방전을 방불케 했다. 360만 달러에 달하는 거래 금액, 구매국의 막대한 패널티 요구, 무엇보다도 구금 상태에 놓인 주재원의 안위 문제는 모든 이들의 촉각을 세우면서 큰 비난으로 쏟아져 내렸다. 협상은 '선결제 후협상'이냐, '선협상 후결제'이냐의 문제를 놓고 팽팽한 가운데, 하나의 긍정적 소식이 있었다. 그것은 Z사 사장의 인맥인 군 참모총장의 영향력이 경찰총수의 힘을 누르고 구금 중이던 주재원의 보석 판정이 가능케 되었다는 사실이었다. 협상은 물꼬를 텄으며, 빽빽한 증거와 소명 자료들은 A사의 잘못을 입증하기에 충분했다. 우리 측은 계약단가를 소급해서 인하 조정할 경우 즉시 대금결제를 시행할 것이라는 단수 있는 양보를 선택함으로써, 협상은 타결되었다. Z사 사장이 막후에서 조정자로서 역할을 해주었음은 물론이다.

협상은 줄다리기이다. 위기 상항에서는 더욱 그러하다. '선협상 후행동'이냐, '선행동 후협상'이냐에 대한 다툼은 전투를 방불케 한다. 누군가의 안위나 생명이 걸려 있으면 피가 마를 정도이다. 이러한 상황에서 중요한 것은 인맥과 대리인을 통한 막후 협상의 기회를 모색하면서도 협상의 물꼬를 트는 것이다. 위의 상황의 경우 결과는 정말 예상 밖이었는데, 당시 A사로부터 소급 적용된 단가의 인하폭이 구매국이 요구한 패널티의 액수를 상회하게 되어, 거래의 최종 이익이 당초보다 늘어나게 된 것이다. 전화위복도 이런 예는 없을 것이다. 당시의 협상은 양보와 반전의 대드라마였다고 해도 과언이 아니다.

비즈니스 세계에서 문제와 위기는 상존한다. 그러한 상황에서 협상을 벌이는 것도 쉽지 않다. 그럴 경우 중요한 것은 다양한 시각과 방법을 동원하면서 협상에 임하되, 여의치 않을 경우에 대비하는 것이다. 막후 협상에서 두는 수는 협상 테이블에서의 직접 대면에서 쓰는 수 이상으로 효력을 발휘한다. 시나리오가 암초에 걸릴 수 있듯, 막후협상은 지지를 얻지 못할 수도 있다. 하지만 모든 아이디어, 인맥, 정보를 활용하면서 최선을 다한다면 막후협상 또한 환호 속에 마무리될 수 있다. 협상의 고수들은 늘 막후협상을 염두에 둔다.

힘, 정보, 시간에 쫓기면 허당이다

필자는 미국 텍사스주 현지법인 근무 시절 간혹 뉴올리언스New Orleans로 출장을 다녀오곤 했다. 뉴올리언스는 미국 루이지애나주에 있는 유서 깊은 항구 도시이며, 재즈Jazz가 탄생한 도시로도 유명하다. 재즈의 황제 루이 암스트롱Louis Armstrong, 1901~1971이 활동했던 도시였으며, 극작가 테네시 윌리엄스Tennessee Williams, 1911~1983의 희곡 '욕망이라는 이름의 전차'의 무대이기도 하다. 이 도시에 들어서면 프랑스인들이 건설한 고풍스러운 건물과 흑인, 인디언, 프랑스인, 스페인인의 기질이 혼재된 크레올Creole 문화의 독특한 정취를 흠뻑 느낄 수 있다. 그런데 이 멋진 도시가 한때는 역사상 최고의 빅딜 대상이 된 적이 있었는데, 당시 빅딜 협상의 실질적 주역은 바로 프랑스의 나폴레옹Napoleon Bonaparte, 1769~1821이었다.

나폴레옹, 최고의 빅딜을 놓친 영웅?

1803년, 나폴레옹은 미국을 상대로 뉴올리언스를 기점으로 한 루이지애나주 전체의 매각 협상을 벌였는데, 그것은 미국의 입장에서는 역사상 최고의 빅딜이자, 굿딜이었다. 루이지애나는 원래 미국 영토의 절반을 차지할 정도로 거대한 땅이었는데, 미국은 뉴올리언스항港을 둘러싼 프랑스와의 분쟁 국면을 잘 이용하여, 총 212만㎢나 되는 그 땅을 1㎢당 7센트에 불과한 1,500만 달러에 매입하는 데 성공했다. 물론 미국은 그 과정에서 적국이었던 영국과 동맹을 고려하며 프랑스와의 전쟁까지 불사하고 있었다.

당시 나폴레옹은 유럽 정복과 신대륙 진출 확대라는 두 마리 토끼를 잡기 위해 절치부심하고 있었다. 이런 상황에서 그는 프랑스의 영토였던 뉴올리언스항 사용권과 루이지애나 일대의 미시시피강 통행권을 제한하였는데, 그것은 미국의 경제를 크게 위협하고 서부개척의 의지에 찬물을 끼얹는 것이었다. 그런데 나폴레옹은 프랑스령 중미지역에서의 혼란때문에 골머리를 앓고 있었고, 유럽에서는 눈앞에 닥친 강국들과의 전쟁 비용에 대한 압박감에 눌려 있었다. 더구나 그는 루이지애나에 대한 정보가 부족해서 그 땅의 미래

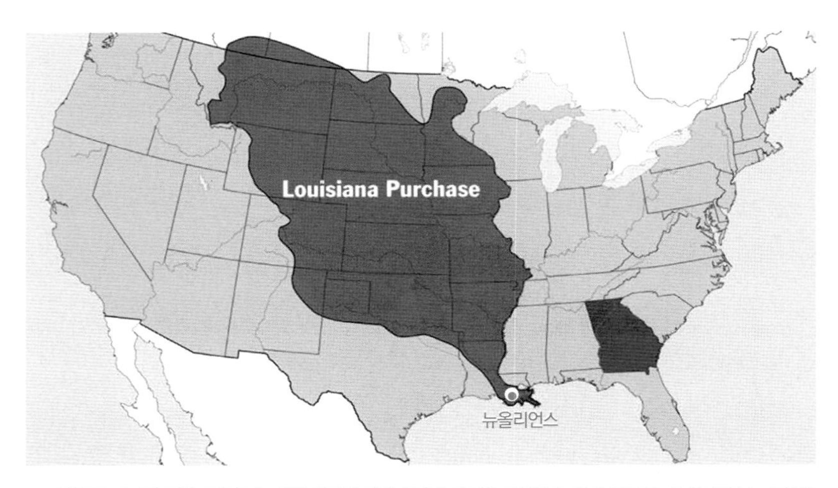

미합중국 초기의 루이지애나주는 전체 영토의 거의 절반에 가까운 크기였다. 최남단에 있는 뉴올리언스는 재즈의 고향이자 유서깊은 항구이며, 미국과 프랑스 간의 영토분쟁 발원지이다.

가치를 파악하지 못했다. 그는 양쪽에서 전쟁을 치르느니, 차라리 루이지애나를 매각하여 유럽에서의 전쟁 비용을 확보하는 것이 낫다고 판단했다. 결국 그는 주변의 강한 반대에도 불구하고, 루이지애나주 전체를 매각하기로 결심한다. 나폴레옹은 막강한 위력이 있었음에도 결국은 돈, 시간, 정보의 부족 때문에 불가피한 선택을 했던 것이다.

오랜 시간이 흐른 지금 평가해 보면, 약자였던 미국은 이 협상에서 초특급 대박을 터뜨렸고, 강자였던 프랑스는 거대한 보물을 헐값에 놓친 격이 되었다. 어쨌든 유럽을 뒤흔든 최고의 전략가 나폴레옹의 루이지애나 매각에 대한 역사적 평가는 그에게 결코 이롭지 않다. 하지만 나폴레옹 몰락 이후에도 계속 영달을 누렸던 계략가 바르베 마르부아Francis, marquis de Barbe-Marbois, 1745~1837는 예상보다 높은 가격으로 협상을 성공시킨 것으로 평가받았다고 하니, 그것은 역사의 아이러니이기도 하다. 워털루Waterloo 전투에서의 패배와 루이지애나 매각 협상의 결과는 나폴레옹에게는 씁쓸한 과거로 남는다.

힘, 정보, 시간의 각축전이다

17세기 프랑스의 궁정화가 조르주 드 라트루Goerge de La Tour, 1593~1652가 그린 '다이아몬드 에이스를 든 사기꾼'이라는 작품이 있다. 세 사람이 포커 게임을 하는 모습을 그린 것인데, 그림 속에는 탐욕과 의심의 눈초리로 곁눈질을 하고 있는 귀부인, 어리숙한 듯하나 살아있는 눈빛으로 자신의 카드를 응시하고 있는 귀공자, 끗발이 최고로 높은 다이아몬드 에이스를 허리춤 뒤에 숨긴 채 딴청을 부리고 있는 사기꾼이 등장한다. 귀부인의 하녀는 포도주병을 들고 서서 그다지 화려하지 않은 복장을 한 귀부인에게 은밀한 눈길을 보내고 있다. 만약 그림 속의 모습이 현실이라면, 세 사람 중 누가 게임의 승자가 될까?

17세기 프랑스의 궁정화가 조르주 드 라트루(Goerge de La Tour, 1593~1652)가 그린 「다이아몬드 에이스를 든 사기꾼」이라는 작품

위의 질문에 대한 답은 여러 가지가 있을 수 있지만, 실제 게임에서 누가 가장 유리한가의 문제는 쉽게 유추해볼 수 있다. 첫째, 세 사람 중에서 누가 가장 자금의 여유가 있는가, 둘째, 누가 다른 사람들의 카드에 대해서 가장 정확한 정보를 가졌는가, 셋째, 누가 가장 시간에 쫓기지 않는가? 등이다. 게임에서 이기려면 이 세 가지 요소를 적절히 사용하되 자신의 의중이 드러나지 않도록 연막을 치거나 허풍까지 떨어야 한다. 결국 게임의 최종 승자는 자금력, 정보력, 시간의 여유를 가진 사람이 될 것이며, 그렇지 않으면 게임에서 지게 된다. 아무리 천하에 없는 고수라 해도 힘, 정보, 시간의 여유가 없으면 별수 없다.

협상은 힘, 정보, 시간을 둘러싼 각축전이다. 힘이란 권력, 금력, 전문성, 경쟁력 등 여러 가지를 의미한다. 정보는 명확한 판단과 의사결정의 근거가 되는 유형무형의 자료들이다. 시간은 주어진 일정이나 데드라인Deadline인데, 때로는 벼랑 끝으로 몰기도 하고, 때로는 극적인 타결을 가능케도 한다. 이들은 모두 동등한 발언권을 가진 주연배우처럼 작용한다. 협상을 하나의 게임이라고 가정한다면 그 승패는 누가 힘, 정보, 시간을 가장 잘 요리하는가에 달려 있다고 해도 과언이 아니다. 협상에서 이 세 가지 요소 중 어느 하나라도 부족하면 그만큼 자신 있게 플레이할 수 없고, 이길 수 있는 확률도 줄어든다. 이러한 이치는 세상의 모든 협상에 적용된다.

협상의 기세와 주도권은 키맨의 위상과 재량권, 정보의 효율성, 시간에 대한 압박감 여부에 달려 있다. 협상의 대표자가 명심할 것은 협상의 준비 단계부터 상대방 측 실력자와 그의 영향력의 정도에 대해서 상세히 파악함과 동시에 커뮤니케이션 라인을 구축, 코드를 맞추는 것이다. 정보에 관해서 중요한 점은 정보의 진위여부와 피차간에 어느 정도로 정보를 노출하느냐의 문제이다. 기밀 유지는 필요하지만 약간의 정보를 공유하면서 협력 분위기를 조성하는 것도 필요하다. 시간의 압박은 독이 된다. 1972년 개최된 미국과 베트남 간의 종전 협상에서 미국 측은 국내 정치 상황 때문에 '크리스마스 전 종전Peace by Christmas'을 외쳤으나, 불리한 협상 결과에 만족해야 했다.

노련한 협상가는 힘, 정보, 시간, 이 세 가지 요소를 적절히 사용하면서도 부족이나 여유를 함부로 드러내지 않는다. 협상의 대표는 여차한 경우에는 자리를 박차고 일어날 수 있는 재량권 또한 가져야 한다. 비록 시간과 정보의 제약이 있더라도 상대방의 힘의 한계를 파악하고 움직인다면 두려워할 것이 없다. 빅딜과 굿딜의 주인공은 따로 없다. 힘, 정보, 시간을 지배하는 자는 위너Winner가 될 것이고, 이에 쫓기는 자는 루저Loser가 될 것이다.

인간관계와 성과는 따로 논다

필자는 한 통신 제조그룹의 전략총괄부사장으로 재직하던 시절, IT제품 현지생산판매법인 설립을 위한 협상 목적으로 여러 차례 중국 산둥성 성정부를 방문하였다. 산둥성은 공자, 제갈공명, 손무 등 우리가 잘 아는 역사적 인물들의 고향이며, 산둥인들은 호방하고 의리를 중시한다는 점에서 그들과의 협상에 임하는 필자의 소회는 남달랐다. 산둥인과 우리의 기질이 유사하기 때문인지는 몰라도 그들과의 의사소통은 원활했으며, 모든 것이 순조로울 것으로 여겨졌다. 그들은 수차례의 방문 기간 중 경호 차량을 붙이고, 성정부의 소형 제트비행기까지 내줄 정도로 예우를 했다. 그러나 수개월 뒤 협상이 종료되자, 그들의 의례적인 예의는 변치 않았지만, 실질적 배려들은 하나하나 사라졌다.

'꽌시關係'의 배반?

당시의 협상은 성공이었다. 하지만 그 과정이 그리 순탄치만은 않았다. 필자는 공장부지, 조세, 금융, 수출허가 등에 관해서 매우 유리한 조건을 확보할 수 있었지만, 그들은 파트너십에 대한 진정성이 의심스러울 정도로 그릇된 정보를 주기도 했으며, 우리 측의 의중과 정보를 캐기 위해서 다양한 접근을 시도하였다. 그들은 필자가 협상에 관한 전권을 갖고 있음을 알고서는 이런저런 방법으로 밀착관리를 하기도 했다. 물론 그러한 과정에서 서로 간의 신뢰를 검증할 수 있었지만, 그렇다고 해서 그들과의 인간관계가 영원히 지속될 것 같은 생각이 들지는 않았다. 아마도 그들은 끈질기게 물고 늘어지면서 벼랑 끝 전술까지 구사하던 필자를 속으로는 경원하고 있었는지도 모른다.

사실 중국과의 적지 않은 비즈니스 기회를 통해서 흔히 알려진 그들의 인간관계의 모습, 즉 '꽌시'에 대해서는 나름대로 이해하고 있었기에 웬만한 환대에 대해서 그다지 놀라지는 않았다. 게다가 인간은 원래 교만한 존재라서, 제트비행기와 경호 차량까지 동원할 정도의 배려에 대해서는 내심 당연지사 같은 생각도 들었다. 하지만 그것은 커다란 착각이었다. 중국인들은 꽌시에 관한 한 자신들의 목적에 부합하는 상대를 대할 때에는 온갖 화려한 언사와 환대를 아끼지 않지만, 일단 뜻하는 목적을 달성하고 나면 그것들은 하나하나 사라진다. 꽌시의 실체는 피상적인 인식과는 매우 다르다.

"중국에서 비즈니스의 성패는 꽌시에 달려있다"는 말은 널리 통용되고 있다. 그러나 필자는 여러 경험을 통해서 꽌시에 대한 이해를 달리하게 되었다. 잘 살펴보면 중국인들의 꽌시는 수천만 명씩에 달하는 공산당원, 군대, 화교들 간의 꽌시가 우선이며, 외국인과의 꽌시는 흔히 생각하듯 영원무궁할 정도가 아니다. 중국인들은 넓은 영토, 다양한 민족의 특성상 새로운 상대방을 쉽게 믿지 못하며, 동일 집단 내에서는 철저한 꽌시가 형성되지만 그 외에 대해서는 배타적이다. 나아가 거침없는 세계화의 물결은 그들로 하여금 꽌시보다 '시장원리'를 앞세우게 하며, 이제 "시엔쭤펑요우先做朋友 허우쭤성이後做生意", 즉 "중국에서 장사를 하려면 먼저 친구가 되어라"라는 말의 의미도 새롭게 해석되어야 한다. 중국에서도 인간관계와 성과는 따로 논다.

인간관계와 성과는 따로 논다

구미歐美, 러시아, 일본인들과의 경우에도 유의할 점이 있다. 우리가 잘 알고 있듯이, '계약문화'를 중시하는 구미인들은 비즈니스에서 성과가 결여된 인간관계에 의미를 부여하지 않는다. 슬라브 정서가 강한 러시아인들도 우리의 생각과는 전혀 달리, 비즈니스에서 성과를 인간관계보다 우선시한다. 러시아인들의 그러한 성향은 구미인들보다 오히려 더 강하며, 이제 보드카

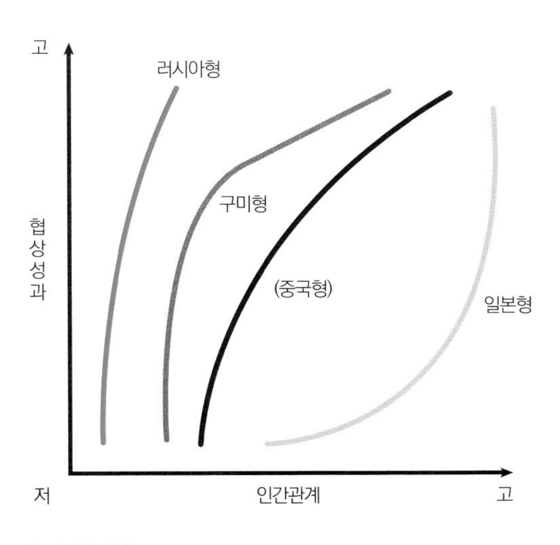

▌관계와 성과

의 낭만은 개방 초기의 향수에 불과하게 된듯하다. 일본인들은 오랫동안 깊은 인간관계가 형성되어야만 서로 간에 비즈니스의 진전을 도모하며, 어떤 면에서는 중국인의 꽌시보다 선線이 분명하고 지독하다. 이들은 왕왕 인간관계와 문제를 분리시키지 못한 채 협상에 임하는 우리와는 접근방법이 사뭇 다르다.

글로벌 무대에서 부딪히는 인간관계의 모습은 정말 다양하다. 그것은 세계화의 거센 물결 속에서 첨예한 경쟁과 이해관계의 충돌을 야기하면서 변모하고 있다. 실제로 중국, 러시아, 구미, 일본인들의 인간관계에 대한 접근은 오히려 더 냉정하고 실리적인 경향을 띠고 있으며, 그러한 성향은 더욱 가중되고 있다. 그럼에도 불구하고 한국인들은 그놈의 정情 때문에 금방 형님, 아우라고 부르며 친숙해지는 데에는 능하나, 세상의 변모에는 크게 유의하지 않는 듯하다. 글로벌 무대에서 인간관계와 성과는 전혀 별개의 문제이다. "우정은 의무라는 구속을 수반한다."라는 말도 옛말이 되었는지도 모른다. 지금은 시장원리가 앞서는 시대이며, 변화를 모르는 착각은 금물이다. 인간관계와 성과는 따로 논다는 점을 이해하는 것은 협상가의 기본이다.

제4절

강자의 전략, 약자의 전략 모두 꿰뚫어라

고수는 경쟁하면서 손을 잡는다

어느 부유한 아랍상인이 자신의 중요한 재산인 낙타 17마리를 큰아들에게는 1/2, 둘째 아들에게는 1/3, 셋째 아들에게는 1/9씩 나눠 가지라고 유언을 남기고 천국으로 떠났다. 이에 세 아들은 유언대로 낙타를 분배할 수가 없기에 난처해하면서 서로 눈치를 보고 있었다. 그러던 중 지나가던 노인 한 사람이 자신이 타고 가던 낙타 한 마리를 합쳐서 18마리의 낙타를 만든 후, 1/2[9마리], 1/3[6마리], 1/9[2마리]씩 각각 나누어 주고서는 남은 낙타 한 마리를 타고 유유히 떠났다. 헌데, 세 아들 중 누군가가 나그네의 출현과는 무관하게 낙타 한 마리를 자신의 비용으로 구입해서 합친 후 분배할 수는 없었을까?

경쟁과 협력, 제로섬과 넌 제로섬

세상에는 수많은 문제와 해법이 존재한다. 고대 로마의 하드리안왕[Hadrian, 76~138] 시절의 유명한 법률가 줄리아누스[Julianus]의 법전에 나오는 위의 퍼즐에서처럼 답은 간단하기도 하고 복잡하기도 하다. 해법이란 문제가 가진 모순과 대립 가운데에서도 어떻게 접근하느냐에 따라 달라지기 때문이다. 사실

17마리의 낙타를 유언대로 분배할 수 없는 상황에서 한 마리를 추가한 후 분배한다는 발상은 그 자체가 신비스럽기까지 하다. 만약 그 한 마리가 외부인이 아닌 첫째 아들의 것이었다면 그는 정말 현명하고 멋진 후계자이자 협상의 고수라는 소리까지 들었을 것이다. 왜냐하면, 그는 낙타의 분배라는 사안의 '가치'를 제대로 인식하고, 분배 과정에 최선의 '영향'을 끼쳤기 때문이다.

흔히 협상을 무언가를 얻기 위해서 상대방과 겨루는 것으로 생각한다. 예를 들어 어린 형제 셋이 파이 조각 하나를 놓고서 서로 큰 몫을 차지하려고 다툰다면, 그것도 협상 과정의 하나라고 할 수 있다. 하지만 세 사람 모두 파이의 크기는 한정되어 있다는 생각Myth of the Fixed Pie에 사로잡혀서 내가 더 큰 조각을 차지하겠다고 다툴 경우 형제들 사이의 관계는 틀어질 가능성이 높다. 반면 세 사람 중 누군가가 눈앞에 놓여 있는 파이에다 무엇인가 좋은 재료를 첨가한 후 적당히 나눠 먹는다면, 세 형제 사이의 관계는 더욱 좋아지고 함께 달음박질까지 하게 될 것이다. 경쟁과 협력은 이처럼 제로섬 게임Zerosum Game을 넌 제로섬 게임Non-zerosum Game으로 변화시키며, 그 위력도 크다. 부富와 정의의 조화가 풍요한 사회를 구현하는 것도 같은 이치이다.

The Myth of the Fixed Pie

The Protection of Our Industries

산업의 보호라는 구실 아래 부(富)의 독점을 노리는 자본가의 모습은 '고정된 파이의 미혹'을 잘 보여준다.

경쟁적 협상과 시너지 협상, 결과지향과 관계지향

협상의 전략은 크게 보아 '경쟁적 협상'과 '시너지 협상'으로 나뉜다. 경쟁적 협상은 배분을 위한 협상이고, 시너지 협상은 통합을 추구하는 협상이다. 이 두 가지 전략의 바탕에는 각각 경쟁과 시너지의 개념이 깔려 있다. 좀 더 살펴보자.

먼저, '경쟁적 협상'은 단순히 이기고 지는 게임으로 접근하는 전략이며, 그 대표적 예는 판매자와 공급자 간의 가격협상이다. 이 경우에 쌍방은 원하는 최고 가격과 최저 가격 사이에서 서로 유리한 가격에 팔거나 사려고 하며, 오직 나눌 몫은 정해져 있다는 생각에 사로잡혀 경쟁할 뿐이다. 경쟁적 협상은 눈앞에 놓여있는 파이의 크기는 한정되어 있다고 생각하면서 싸우는 협상이다. 경쟁적 협상은 결과지향적이며 단기지향적이다.

다음으로 '시너지 협상'은 실리와 명분을 최대한 확보하려는 전략이다. 시너지 협상의 대표적 예는 전시에 평화협정을 맺고 비무장지대를 설치하는 것이며, 6일 전쟁[1967] 당시 이스라엘이 정복한 시나이반도를 이집트에 반환하고 비무장지대를 설치키로 한 양국 간의 평화협정[1982]이 그에 해당한다. 그 협정으로 인해 이스라엘은 '안보'라는 명분을, 이집트는 '영토 회복'이라는 실리를 얻었으며, 양국은 '평화'라는 공동의 명분을 충족시킬 수 있었다. 시너지 협상은 당사자들의 실리와 명분을 모두 충족시키는 전략이며, 고정된 파이가 있다면 그 파이의 양과 질을 쌍방의 노력으로 개선시켜서 나누는 전략이다. 시너지 협상은 관계지향적이며 장기지향적이다.

시너지 협상의 한계와 유의점은 협력에 대한 지나친 과신으로 분명한 공감대를 형성하기 어려울 수 있다는 점, 그리고 대립적 양상을 무조건 기피한다는 점이다. 시너지 협상을 전개코자 할 때는 상대방의 이익과 욕구에 대한 확실한 평가와 더불어 속임수나 오용 가능성에 유의해야 한다.

고수들은 경쟁하면서 손을 잡는다

협상의 궁극적인 목적은 견고한 파트너십을 구축하는 것이다. 파트너십이란 결국 이해관계가 얽힌 쌍방이 만나 서로의 기대가 충족될 때 성립되는 것인데, 문제는 파트너들의 성향이 다양하며, 설사 훌륭한 파트너를 만났다 하더라도 그와의 협상이 그리 여의치 않다는 데 있다. 사실인즉 협상에서 원만한 진전과 결실이 없다면 어떠한 비즈니스 이권도 쉽사리 손에 넣을 수가 없다. 이는 협상의 고수가 되어야만 가능한 일이다.

협상 과정에서 협력은 경쟁보다 유리하다. 협력적인 태도를 견지해야 하는 이유는 경쟁적인 태도에서 협력적인 태도로 돌변하는 것은 사실상 손해가 없지만, 그 반대의 경우는 사뭇 다르기 때문이다. 반복적인 협력이 필요한 이유도 거기에 있으며, 고수들은 그걸 잘 안다. 비즈니스 세계에서의 진정한 파트너십이란 다양하고도 합리적인 방법을 모색함으로써 얻어지는 것이며, 중요한 것은 지나친 경쟁의식이나 공감대의 부족을 극복하는 것이다. 경쟁과 협력은 공존하기 어려운 것이 아니다. 고수들은 경쟁하면서 손을 잡는다.

최적대안을 확인하라

필자의 하나밖에 없는 딸은 쾌활 단순한 성격에 고집이 센 편이다. 무슨 일이든 좋으면 좋고 싫으면 그만에다가, 뭔가 부탁을 하면 반드시 대가를 요구하곤 했다. 언젠가 딸아이한테 서가에 어수선하게 꽂혀있는 책과 자료들의 정리와 청소를 부탁하였는데, 그녀는 그 많은 책과 자료들의 정리는 힘드니, 십만 원의 용돈을 주면 청소 정도는 해주겠노라고 말했다. 이에 나는 십만 원은 엄청난 거금이니 정리까지 해주면 칠만 원을 주겠노라고 변경된 조건을 제시했다. 몇 차례의 밀당 끝에 나는 결국 오만 원에 정리와 청소를 다 해주겠다는 조건을 유감없이 받아들였는데, 그녀는 곧이어 "아빠, 사실 난 그냥 다 공짜로 해주려고 했었거든!"이라고 말했다. 필자는 기분 좋은 뒤통수를 맞았지만 딸아이는 제법 얄미운 협상가였다. 녀석이 배트나BATNA가 무엇인지를 알기나 했을까?

배트나, 결렬에 대비한 최적 대안

"세상에서 가장 협상하기 어려운 상대는 아들과 딸이라오. 왜냐하면 아내와 남편 같은 배우자는 대안을 찾을 가능성이 조금씩은 있지만, 아들과 딸은 그네들을 대신할만한 대안이 없기 때문이지~" 딸아이와의 협상에서 분패한 필자는 한 지인에게 이렇게 말했다. 당시 필자의 마지막 카드는 삼만 원까지는 대가를 치르더라도 정리와 청소를 모두 부탁하는 것이었다. 오만 원보다는 적은 금액이다. 반면, 딸아이의 마지막 카드는 정리와 청소를 모두 해주되, 가능하면 얼마간의 돈을 챙기는 것이었으며, 여차한 경우에는 부녀간의 정리情理를 생각해서 공짜로라도 노역을 베푸는 것이었다. 결국 필자는 원하는 것을 이루었지만 딸아이한테는 당한 것이나 마찬가지였다. 녀석의 마지막 카드는 '공짜 노역을 경험하는 것'이었다.

흔히 카드라는 말을 쓴다. 카드란 '대안Alternative'을 의미하며, 히든 카드는 상대방이 전혀 예상치 못한 카드를 가리킨다. 카드에는 최선, 차선, 차차선의 카드가 있을 수 있으며, 이들 중 협상이 결렬될 상황에서 타결을 가능케 하는 카드를 최적대안, 곧 '배트나BATNA, Best Alternative to Negotiated Agreement'라고 한다. 배트나는 기존의 안보다 낫고, 현상을 타파할 수 있어야 하며, 상대방

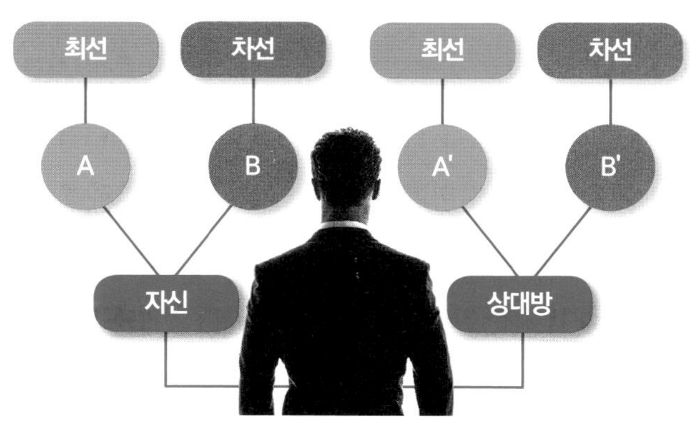

▌배트나(BATNA)

의 배트나보다 우월해야 한다. 배트나는 수치와 정성적定性的 개념을 모두 포함하는데, 경험만 해도 좋으니 공짜로 해준다거나, 상대방을 궁지로 몰아가는 것, 또는 이도 저도 싫으니 아예 자리를 떠버리겠다고 하는 것 등은 극단적인 배트나이자 정성적 배트나의 예들이다. 협상력Bargaining Power의 키는 결국 배트나이다. 배트나를 알아야 진짜 협상가이다.

배트나, 원칙과 방법은?

어느 경영자들의 모임에서 비즈니스에 대한 얘기를 나눈 적이 있었다. 그 중 한 사람은 거래처와의 갈등이 너무 심해서 사업을 그만두고 싶다고 토로했는데, 그 이유는 국내 굴지의 대기업인 거래처에서 납품 단가를 너무 깎으려 하기 때문이었다. 그는 "별도리 있겠습니까? 그래도 하라는 대로 해야죠…"라고 했다. 이렇다 할 대안이 없어 보이는 그의 말에서 씁쓸함마저 느껴졌다. 이러한 일은 직장상사와의 갈등으로 이직을 고려하면서 고달픈 일상을 감내하는 직장인, 임금협상을 앞두고 회사에 맞서는 노조원, 또는 공기관과의 불공정한 협상을 앞둔 철거민 등의 경우에서도 발견할 수 있다. 어느 경우든 자신의 카드가 강하면 득이고, 약하면 실인 경우가 대부분일 것이다.

배트나에는 원칙이 있다. 첫째, 배트나에는 객관성과 합리성이 있어야 한다. 숫자나 데이터와 같은 객관적 기준이 먼저다. 둘째, 배트나는 당당히 알려야 한다. 만약 유리한 경우라면 자연스럽게 표출하는 것이 바람직하다. 셋째, 배트나는 은근히 알려야 한다. 직접적인 노출은 상황에 따라 감정을 상하게 할 수도 있다. 넷째, 시간의 흐름을 염두에 두어야 한다. 상대방의 배트나가 미약해 보일 경우에는 협상을 최대한 지연시켜야 하며, 반대의 경우에는 전광석화처럼 끝내는 것이 바람직하다. 배트나의 활용 시 중요한 것은 자신의 대안보다 훌륭한 협상안만을 취할 수 있을 정도로 흔들리지 않는 것이다. 설사 합의에 이르지 못하더라도 실패로 여길 필요는 없다. 결렬 또한 전략일 수 있다.

베트나를 설정하려면, 먼저 '유보가격Reservation Price', 즉 '협상 포기의 한계선Walk away Price'을 확인해야 한다. 유보가격은 상대방의 협상안을 받아들일 수 있는 마지노선을 의미한다. 다음으로 합의가능영역ZOPA: Zone of Possible Agreement을 설정해야 한다. ZOPA는 거래가 이루어질 수 있는 범주, 즉 합의의 조건이 서로 겹쳐지는 부분이다. 마지막으로 거래를 통한 가치 창출Value Creation이다. 가치 창출은 기술, 서비스, 진정성 등의 면에서 상대방에게 보통 이상의 특별한 가치를 제공하는 것이다. 배트나는 속으로 감추되, '관계'가 매우 중요한 협상이라면 드러낼 수도 있다.

협상에서는 배트나를 잘 활용해야 한다. 즉, 내가 원하는 것이 무엇인지, 왜 그걸 원하는지, 어느 선에서 만족할 수 있을지를 분명히 해야 한다. 상대방에게는 어떻게 의견을 제시해야 할지, 내줘야 할 것은 무엇인지 또한 명확히 알아야 한다. 노련한 협상가가 되려면 설사 협상이 자신의 뜻대로 전개되지 않을지라도 상대방의 반응을 예측하면서 다양한 수를 펼칠 수 있어야 한다. 배수진도 맞불작전도 배트나 없이는 불가능하다. 협상가는 사막의 유일한 가게에서도 새로운 카드를 던질 수 있을 정도가 되어야 한다면 지나친 말일까?

죄수의 딜레마,
협력이냐 배반이냐?

두 명의 공범자가 체포되어 서로 다른 방에 격리되어 조사를 받는다면 어떠한 일이 벌어질까? 이 경우 두 명의 죄수는 모두 조사관의 회유에 따라 자백을 할 것인가 말 것인가에 대해서 깊은 딜레마에 빠지게 될 것이다. '자백'은 혼자서라도 살길을 찾고자 하는 방법이며, '부인'은 설사 감옥에서 오랜 세월을 보낸다 하더라도 의리를 지키는 길이라고 생각하기 때문이다. 이를 경우의 수로 가정해 보면, 두 사람 중 하나가 배신의 길을 택하고 죄를 자백하면 자백한 사람은 즉시 풀려나고 나머지 한 사람은 10년을 복역해야 하며, 두 사람 모두 배신을 택하고 죄를 자백하면 똑같이 5년을 복역하게 된다. 하지만 두 사람 모두 의리를 지키려고 죄를 자백하지 않으면 6개월씩만 복역할 수 있다. '죄수의 딜레마Prisoner's Dilemma'는 이처럼 협력과 배반 사이의 갈등을 보여주는 개념으로서 게임이론에서 자주 원용된다.

게임이론, 조합과 균형의 미학

게임이론은 헝가리 출신의 수학자 폰 노이만John von Neumann, 1903~1957과 프린스턴대 교수인 오스카 모르겐슈테른Oskar Morgenstern, 1902~1977이 「게임이론과 경제적 행동Theory of Game and Economic Behavior」이라는 공동연구 논문에서 발표한 상호의존적 의사결정에 관한 이론이다. 게임이론의 대표적 사례가 바로 '죄수의 딜레마Prisoner's Dilemma'인데, 이는 협력할 경우 서로에게 이익이 되는 상황에서 불리한 선택을 함으로써 발생하는 문제에 대해서 설명해 준다. 죄수의 딜레마는 두 명이 참여한 제로섬 게임Zero-sum Game을 가정하여 설정된 모델이며, 지성적인 경쟁자, 이를테면 협상 테이블에 마주 앉은 두 명의 당사자가 서로 상반되는 목적으로 경쟁에 임했을 때 어떻게 서로 영향을 미치며, 그 결과는 어떠한지에 대해서도 가르켜준다.

그러면, 협상은 제로섬 게임인가? 제로섬 게임이란 한 게임의 참여자가 이익을 얻으면 다른 참여자는 딱 그만큼의 손실을 보게 되는 게임을 의미하는 것이니, 모든 협상이 반드시 그렇지만은 않을 것이다. 제로섬 게임에서는 게이머들의 이익과 손실을 합치면 항상 제로가 되지만, 상대방의 행동과 기대치가 돌변하거나 다수의 당사자가 참여할 경우에는 스토리가 달라진다. 협상은 제로섬 게임이 아닐 수 있다. 이러한 문제에 대한 답을 얻고자 새로운 접근을 한 이가 바로 영화 '뷰티풀 마인드A Beautiful Mind'의 모델인 미국의 천재 수학자 존 내쉬John Forbes Nash, Jr.,1928~2015이다.

내쉬는 2명의 경기자가 펼치는 제로섬 게임에서는 최악의 상황을 최소화하는 것이 가능하지만, 참여자가 더 많거나 제로섬 게임이 아닌 경우에는 이를 적용하기 어려운 점에 착안하여 자신만의 '균형이론'을 창시했다. 그는 게임의 참여자들은 결코 자신의 결과만을 생각하지 않으며, 종국에는 서로의 전략을 바꾸지 않는 지점, 곧 균형점에 이른다는 것을 발견했다. 균형점의 존재는 협상자들을 고무시킨다. 만약 협상자들이 서로에 대해서 완전한 정보를 갖고 예측할 수 있는 가운데 동시에 의사결정을 한다면 파트너십은 최적점에 이를 것이다.

협력의 성과는 배반의 성과보다 우월하다

1979년 미국의 사회이론가 로버트 엑셀로드Robert Axelrod, 1934~ 는 '죄수 딜레마'라는 이슈를 놓고서 컴퓨터 프로그램들 간의 게임으로 승부를 가리는 리그 대회를 열었다. 참가자들은 매 프로그램을 각각 한 사람의 죄수로 간주하여 두 프로그램씩 짝을 지은 상태에서 200번의 게임을 실행하였는데, 게임의 룰은 모든 프로그램들이 한 번씩 서로 겨룬 후 각각의 프로그램이 받은 '수감옥살이 기간'을 합하여, 가장 짧은 수감 기간을 얻어낸 프로그램이 승리하는 것으로 인정하는 것이었다. 그런데, 최후의 승리자는 놀랍게도 캐

로버트 엑셀로드(Robert Axelrod, 1934~ , 미국 미시건대 교수)
Tit For Tat' 프로그램을 통해서 협력의 성과가 배반의 성과보다
우월함을 증명했다(저서, 협력의 진화).

나다 토론토 대학의 심리학자인 아나톨 래포Anatol Rapport, 1911~2007 교수가 만든 'Tit For Tat'이라는 가장 짧고 간단한 프로그램이었다.

'Tit For Tat'은 원래 '보복' 또는 '욕에는 욕'이라는 뜻을 가진 말인데, 이는 "받는 대로 되돌려 준다."라는 것을 의미한다. 'Tit For Tat'은 결국 상대가 나를 배려하여 이득을 주면 나도 상대를 배려하여 이득을 주며, 상대가 이기적으로 손해를 끼치면 나도 이기적으로 대응하여 손해를 끼친다는 의미이다. 'Tit For Tat'의 탁월성은 첫째, 처음에는 이타적으로 협조하고, 둘째, 그 후에는 상대편이 취하는 것과 똑같은 방식으로 움직이는 것이었는데, 참가 프로그램들을 이러한 기준으로 분류 후 분석해 보았더니, 대체로 우호적인 전략을 사용하는 프로그램들이 좋은 성적을 거두었음이 드러났다. 이는 곧 협력의 성과가 배반의 성과보다 우월하다는 것을 시사해주는 것이다.

협상자는 협력의 길을 갈 것인가, 경쟁의 길을 갈 것인가를 놓고서 항상 딜레마에 빠진다. 하지만 협력의 길이 경쟁의 길보다 유리한 것이라는 점은 분명하다. 서로 자백하지 않아 실형을 받는 경우를 상상해보라. 이기적인 술수나 비열한 책략은 파트너십에 결코 도움이 안 된다는 것을 안다면, 협상자의 길과 선택은 분명해진다. 무릇 신사란 협력, 보복, 용서를 거듭하되 명백한 행동으로 보여주는 사람이다. 설사 상대방이 지극히 이기적인 사람이라 할지라도 협력의 성과가 배반의 성과보다 크다는 것을 아는 사람은 이미 고수의 반열에 들어서 있다고 할 수 있다. 협력의 의미를 아는 자가 진정한 협상의 고수이다.

울타리를 치고 가둬라

"아이고, 사장님! 오랜만에 오셨네요.
오늘 싱싱하고 맛있는 횡성 한우가 들어왔어요.
어서 예약된 자리에들 앉으세요."

필자는 자칭 미식가 중의 한 사람이다. 지금은 그만두었으나 10여년을 다닌 단골 식당이 하나 있었는데, 그 집의 삼겹살과 고기를 먹은 후 제공되는 게장과 된장찌개의 맛은 천사가 시기할 정도로 좋았고 푸짐했다. 식당 주인인 J여사는 간혹 임직원들과의 회식자리에서 횡성 한우를 주문하도록 은근히 압력을 넣었는데, 이는 알고 보니 필자의 여린 심성을 꿰뚫고 운신의 폭을 좁히려는 전술이었던 것 같았다. 회사를 운영하다가 보면 임직원들과의 화끈한 소통이 필요한데, J사장은 그럴 경우 필자가 간혹 비싼 고기를 주문하는 것을 보았으니 그럴 법도 했다. 그녀는 '프레이밍'의 선수였다. 프레이밍은 제법 고수들이 구사하는 전술의 하나이다.

프레이밍, 울타리 치고 가두기

'프레이밍Framing'은 아직 정해지지 않은 사실을 기정사실로 몰아가면서 자신에게 유리한 틀 안에 가두는 전술이다. 그것은 곧 상대방의 심리나 객관적인 증거를 이용해서 상대방의 판단을 고착시키려는 전술이라고 할 수 있다. 프레이밍은 식당 주인인 J사장 같은 고수들의 잔꾀에서뿐만 아니라, 아이돌Idol이 등장하는 기업의 광고 문구에서도 발견할 수 있는데, 이를테면 '무섭게 성장하는', '가장 잘 팔리는' 등과 같은 것들이 그것이다. 프레이밍을 잘 활용하면 주저함이나 갈등에서 벗어날 수 있게 할 수 있고, 의사결정에서 합의점에 이르기까지의 시간을 단축시킬 수 있다.

프레이밍의 효과는 크다. 프레이밍의 거시적인 효과는 기업의 인수합병M&A과 같은 커다란 프로젝트에서도 확인할 수 있다. 인수합병 협상 시 우선 협상자를 정하고 진행할 경우 상대방으로부터 최적의 조건을 얻어내는 데 유리하다. 프레이밍은 관점의 변화를 초래한다. 필자는 간혹 식당의 종업원들에게 식사에 앞서서 약간의 팁을 전달하는데, 이는 물론 마음에서 우러나오는 감사의 표현이지만, 그들로 하여금 착한 손님으로서의 이미지를 느끼게 함과 동시에 좋은 서비스를 누릴 수 있게 됨을 경험한다. 프레이밍은 실상 울타리를 치고 가두는 격이라고 할 수 있다. 프레이밍은 첫 대면에서부터 시작해야 한다.

프레이밍은 마음을 움직인다. 프레이밍은 얼핏 쉬운 전술처럼 보이지만, 제법 고수들만이 쓸 수 있는 야무진 전술이다. 프레이밍의 유의할 점은 협상

본연의 목적을 잃거나 논점의 방향을 흐리지 않는 것이다. 프레이밍은 마치 촬영 전에 카메라의 초점을 맞추듯 선명해야 한다. 인간의 마음은 막연한 추론보다는 짙은 상상 속에서 움직이기 때문이다. 고수들은 마음의 움직임을 겨냥한다. 프레이밍, 울타리를 치고 가두는 것은 협상의 초두를 유쾌히 열어준다.

미끼를 던져라

"알겠습니다. 그러면 우리가 처음 요구했던 스펙의 변경은 철회할 테니
그 대신에 가격을 10% 디스카운트해 주시지요."

중동구 체코 소재 K사와 구매협상을 벌일 때의 일이다. 비록 개방 초기의 어수선함에 놓여 있었지만, 그들의 제품 수준은 생각했던 것보다 훨씬 높았고 구매조건 또한 만만치 않았다. 시장이 이끄는 대로 이 나라 저 나라에서 공급사를 물색하던 필자는 어떻게 해서든지 유리한 조건으로 제품을 구매한 후 중국 및 아시아 지역에서 판매를 전개하려 했으나, 문제는 '기술적 스펙'과 '가격'이라는 두 마리의 토끼가 상충하는 것이었다. 국제간의 거래에서 '스펙 장사'의 애로점은 시장은 기술적 사양이 높다고 해서 그에 상응하는 가격을 쉽게 허용하지 않는다는 점이다. 새로운 제품과 시장을 개척하는 경우의 어려움은 한두 가지가 아니다. 필자는 '미끼전술Decoy'을 사용하기로 했다.

미끼전술, 일보후퇴 이보전진

협상은 난항을 겪었다. 애당초 판매 대상으로 꼽은 동남아의 S사가 요구하는 제품의 스펙은 후진국 기업답지 않게 까다롭기 그지없었고, 중동구 내륙 깊숙이 떨어져 있는 체코의 K사는 그 스펙을 수용치 않았다. 이에 필자는 고심 끝에 스펙의 요구가 까다롭지 않은 제3의 판매지역을 염두에 두고 구매조건의 개선에 초점을 맞추었다. 하지만 K사는 기술적 사양이 낮다고 해서 무턱대고 낮은 가격을 허락하지 않았기에 스펙 문제만큼은 마지막 순간까지의 미끼로써 견지하였다. 필자는 협상이 어느 정도 진전의 기미를 보이는 순간, 스펙 문제의 고수에서 벗어나 가격조건의 인하를 옥죄듯 요구하였으며, K사와의 협상은 마무리되었다. 이보전진을 위한 일보후퇴가 먹혀들어간 것이다.

미끼전술은 IT분야에서도 유용하게 활용되고 있다. 예컨대 모든 개발자들이 사용하는 구글의 안드로이드는 '오픈 소스'로서의 강한 생명력을 갖고 있다. 이는 기술에의 종속성과 지속성에 대한 염려를 덜어준다는 커다란 미끼가 있기 때문이다. 안드로이드라는 오픈 소스는 만약 구글이 안드로이드의 개선을 포기하더라도 이를 도입한 회사들로 하여금 자체적인 유지보수를 할 수 있게 만들어 주기 때문이다. 안드로이드는 대량 판매를 전제로 하는 휴대폰 제조사에게 매력을 느끼게 한다는 점도 주목할 만하다.

오해와 미혹, 칼날 위의 꿀을 경계하라

미끼전술은 유혹한다. 미끼전술의 목적은 소기의 목표를 달성하는 데 있지만, 이로 인해 협상은 난항을 겪기도 하며, 상대방으로 하여금 피할 수 없는 양보와 결정을 내리게 만들기도 한다. 미끼전술의 유의점은 그를 구사하는 입장에서나 대응하는 입장에서나 오해와 미혹의 함정에 빠지지 않는 것이다. 미끼전술이 목표를 흐리게 해서는 안 된다. 미끼전술에 말려드는 것도 조심해야 한다. 칼날 위의 꿀을 핥는 것처럼 어리석은 일은 없다. 미끼전술은 과도한 요구이든 작은 배려의 표시이든, 마치 사랑하는 자녀에게 공부를 시키려고 용돈을 줄 때의 마음처럼 순수함을 지니고 구사할 때 그 효과가 드러날 것이다.

우군인 척하라

밤은 깊어가고 잠은 오지 않았다. 출장 일정도 며칠 안 남았고, 본국의 회장께서는 언제 마무리되냐고 난리법석을 떠시는데 중국 측에서는 좀처럼 양보를 하지 않으니, 협상을 그만두고 싶은 심정이었다. 룸바의 위스키 한 잔에 잠을 청하려는 순간 전화벨이 울리기에 받았더니 특별개발구의 Y국장이었다. 그는 마침 잘되었으니 같이 한잔하자고 말한 후 로비에 나타나서, "이 부사장님, 얼마나 힘드시겠습니까? 제가 보기에도 우리 주임께서 너무 완강하신 것 같네요. 사실 생산법인 제품의 국내 판매와 해외 수출의 비중은 '50 대 50'까지 가능하고, 전례도 있습니다." 필자는 귀를 번쩍이게 하는 Y국장의 말에 "귀중한 정보를 주어 고맙습니다."라고 말을 건네며 즐겁게 대화를 나누었다. 그는 간혹 소중한 정보를 은밀히 전해주는 우군이었다.

천사의 출현, 짜고 치는 고스톱이다

중국 산둥성 정부와 IT제품 현지생산법인 설립을 위한 협상을 진행하던 시절[2005], 난제 중의 하나는 중국 측이 고수하던 80%의 국내 판매 비중

조건이었다. 이는 성장기에 내수시장을 부양하는 데 초점을 맞추었던 중국의 정책을 감안하면 이해가 가는 일이었지만, 세계시장 진출을 염두에 둔 외자기업인 우리로서는 국내 판매와 해외 수출의 비중을 최소한 '60 대 40'까지는 확보해야 했다. 헌데, 그토록 팽팽하던 문제에 대해서 은밀히 정보를 주는 이가 있었으니, 그야말로 천사가 아니면 누구이었겠는가? 하지만 그는 선한 역할로 가장한 '짜고 치는 고스톱'의 멤버 중 한 사람이었을 뿐이다.

협상 중에는 갑자기 우군이 출현한다. 난항을 겪을 때에는 반드시 그러하다. 하지만 그것은 계획적인 역할 분담과 의도적인 접근에 의한 연출의 하나일 뿐이다. 협상 테이블에 나타나는 사람들은 저 마다의 역할을 지니고 있으며, 악역과 선역 또한 그 중에 포함되어 있다. 협상 테이블에서의 악역은 이를테면 판매협상에서 한 사람은 "웬만하면 그냥 싸인하고 싶은데, 새로 부임한 상사가 하도 쪼아대기 때문에 어쩔 도리가 없다."라고 말하고, 또 한 사람은 "저희들도 정말 죽을 맛이지만, 도와드리고 싶습니다. 어떻게 조금이라도 가격을 조정해 주실 수 없을까요?"라고 말하는 것이다. 수사과정에서 형사들이 번갈아 취조를 하는 것은 악역과 선역을 분담하면서 상대방을 옥죄는 행위이다.

악역과 선역, 교묘하고 은밀하게

협상에서 시나리오를 잘 짜는 것이 얼마나 중요한지에 대해서는 이미 이야기한 바 있지만, 협상 테이블에서의 정확한 역할 설정과 실행만큼 중요한 것은 없다. 아무리 거창한 의제로 얼굴을 맞대더라도 내부적인 힘과 역할을 명확히 분배한 팀은 뛰어난 개인보다 강력한 힘을 갖고 협상 결과를 이끌어 갈 수 있다. 협상 테이블에서는 경청, 겁박, 회유가 난무하는데, 이를 모두 한 사람이 맞거나 감당하기에는 현실과 상황이 항상 녹록한 것은 아니다. 팀플레이에 의한 악역과 선역의 연출은 매우 효과적이며 간파하기도 어렵다.

협상의 목적은 굿딜이다. 하지만 그 과정에서 상대방에게 혼란을 일으키면서 요구를 관철시키려는 노력을 비난할 사람은 없을 것이다. 협상 테이블 안팎에서 벌어지는 교묘하고도 은밀한 작전들은 피차간에 결코 만만치 않음을 보여주는 좋은 전술의 하나이다. 맞불작전이든 우호전략이든 무슨 상관이랴. 악역이든 선역이든 능숙하게 연출하면 협상은 대성공이다.

본전 생각나거나 지치게 하라

중동 지역의 국영 구매기관들은 커다란 규모의 구매 입찰에서 여러 나라 기업들을 치열하게 경쟁시키고 기업의 담당자들을 지치게 만드는 것으로 유명하다. 그들은 입찰 참가 신청일로부터 입찰이 종료될 때까지 각종 정보를 흘리면서 입찰에 관한 서류의 보충을 지속적으로 요구하거나, 입찰 자체를 아예 연기해 버리기도 한다. 물론 이러한 행위들은 힘의 과시뿐만 아니라, 가능한 한 자신들에게 유리한 조건을 확보하기 위한 술책이라고 할 수 있다.

이럴 경우 아무리 영향력이 있는 에이전트가 중간에 힘을 쓰더라도 가격이나 기술 사양 등 여러 면에서 양보를 해야 하거나, 그것이 불가능한 경우에는 막후협상마저도 중단하게 된다. 이럴 경우의 고민은 정말 불리한 조건을 감수할 것인가, 아니면 그 먼 곳으로의 출장에서 철수하고 되돌아올 것인가의 문제이다. 만약 당신이 그러한 상황에 처한다면 어떠한 선택을 할 것인가?

매몰비용, 큰 함정이다

비즈니스 세계에서뿐만 아니라, 일상생활 가운데에서도 유사한 경우는 많다. 만약 오랫동안 사랑에 빠져 흠모하던 여인이 어느 날 갑자기 관계를 청산하고 헤어지자고 선언을 하면 어떻게 해야 하나? 이 경우 당사자인 남성을 속상하게 하는 것은 그간 쏟았던 정성과 시간 및 애정을 표현하기 위해서 행한 선물 공세와 데이트 비용 등에 대한 아쉬움일 것이다. 하지만 이미 날아간 새를 두고 울어봤자 무슨 소용이 있으랴? 남는 것은 회한과 허탈감뿐일테니, 그 순간 해야 할 일은 과감한 이별의 길을 택하거나 아니면 그녀의 마음을 되돌리기 위해서 새로운 시도를 하는 것일 뿐이다.

매몰비용Sunk Cost은 이미 써버린 시간, 돈, 에너지 또는 그에 대한 아쉬움이다. 매몰비용은 모두 함정에 불과하며, 남은 것은 이제 모든 것을 그만 둘 것인가, 아니면 더 큰 시간과 돈 및 에너지를 감수하더라도 전진의 길을 택할 것인가의 문제이다. 헌데 여기서 중요한 것은 정말 선택을 잘해야 하는 것이다. 매몰비용은 정말 큰 함정이며, 자칫하면 더 큰 함정으로 인도하거나 아예 빠져나가지 못하게 만들 수 있기 때문이다. 매몰비용에 대한 아쉬움에 휩싸여 갈팡질팡하면 더 큰 회한을 갖게 될 수 있는바, 그 순간 '전진이냐 후퇴냐'에 대해서는 정말 판단을 잘해야 한다.

매몰비용의 함정(Sunk Cost Trap)', 미련과 후회는 더 큰 손실을 야기할 수 있다.

'추가 비용'과 '그릇된 판단'에 유의하라

협상 중의 큰 고민은 일이 뜻대로 되지 않으면서 점점 상대방의 페이스대로 흘러가는 것이다. 그럴 경우에는 누구라도 협상을 그만두고 다른 대안을 찾아보는 것이 낫다고 생각할 것이다. 하지만 막연한 지연이나 시간 끌기만큼 어리석은 것은 없다. 매몰비용은 꼼짝달싹 못할 지경에 이르게 하며, 빠져나가지도 못하게 만든다. 그러므로 정말 중요한 것은 그동안 투입한 시간, 비용, 에너지, 즉 매몰비용이 정말 큰지 아닌지, 만약 협상을 중단하면 잃을 수 있는 기회이익은 어느 정도인지 등을 잘 판단하고 대처하는 것이다. 심리적 안정과 냉철함을 유지해야 함은 물론이다.

협상에서 매 순간의 판단은 손익으로 직결된다. 협상을 중단하든 안 하든 그릇된 판단은 추가 비용이나 더 큰 손실을 야기할 수 있다. 협상에서 그동안 투입한 시간과 비용이 아까워서 원치 않는 거래를 지속한다면, 추가적인 손해는 물론 향후의 비즈니스에도 치명타가 될 수 있다. 반면, 너무 손실이 크다는 점을 의식해서 협상을 졸속으로 끝낸다면 천재일우의 기회를 놓쳐버릴 수도 있다. 협상자는 이러한 측면들을 잘 유념하여 협상에 임하되, 만약 자신이 갑의 입장이라면 그 반대의 입장 또한 잘 활용해야 한다. '본전 생각나거나 지치게 만드는 것'은 고수만의 특별한 전술이다.

백지수표를 건네라

"이 선배님, 안녕하세요? 오늘 시간이 되시면 점심이나 한 번 사주시죠."

"아, 반갑네, 그러지.. 헌데 무얼 드실려고?"

"예, 전 아무거나 좋습니다. 선배님이 결정하시죠."

필자에게는 절친한 후배 한 사람이 있다. 5살 아래의 연배를 지닌 그와 나는 간혹 만나서 정보를 교환하거나 식사를 하곤 했는데, 그는 언제나 상대방을 배려하는 '을'처럼 행동하는가 하면, 제법 경제적인 여유가 있었음에도 불구하고 늘 주머니 사정이 여의치 않은 시늉을 했다. 그는 매 식사 때마다 메뉴의 선택권을 필자에게 넘기면서 유쾌히 대화를 이끌어 갔는데, 그 말솜씨와 능청스러움에는 당할 사람이 없을 정도였다. 하기야 밥이란 원래 선배가 사는 것이니 속상할 일도 전혀 없었고, 필자는 그런 그가 그냥 좋을 뿐이다. 그는 '백지수표Blank Check'를 잘 활용하는 유능한 회계사이다.

백지수표, 실속을 노리는 부드러움

'백지수표'는 지급인의 서명은 있으나 금액이 명기되지 않은 수표를 말한다. 백지수표는 상대를 인정해주는 척하면서 실속을 차리는 고도의 전술인데, 주로 상대방에 비해서 약한 위치에 있거나 을의 입장에서 구사할 수 있는 전술이다. 백지수표는 판매자와 구매자 간의 협상에서 종종 볼 수 있는데, 이는 구매자가 시장 상황을 잘 모를 때, 혹은 판매자의 위상이나 권위가 높을 때 사용된다. 백지수표를 쓴다는 말은 '백지위임'을 한다는 것과 같다. 백지수표는 실속을 노리되, "나는 약자입니다." 또는 "나는 당신을 좋아합니다."라는 식의 부드러움을 전하는 것Soft Signal이라고도 할 수 있다.

백지수표에는 위험이 있다. 백지수표는 자칫 체면을 따지다가 필요한 조건을 바르게 주장하지 못하는 상대자에게는 독이 될 수도 있으며, 상호간의 관계를 악화시킬 수도 있다. 백지수표를 받으려면, 자신의 입장이 우세하거나 유능해야 한다. 너무 선한 나머지 밥을 계속 사는 사람은 상대방보다 모자라거나 영리하거나 둘 중 하나일 것이다. 백지수표는 약자인 척하면서 실속을 차리려는 전술인바, 쓰는 사람이나 받는 사람이나 모두 유의해야 한다.

교환전술, 납작 엎드려라

이타이프Itaipu 댐의 긴 둑 위에서 바라보는 파라나강Parana River의 물결은 대국의 자연에 걸맞게 널찍하고 여유로워 보였다. 높이 196m에 길이가 무려 7.7㎞에 달하는 세계 최대의 댐 위에 선 필자는 다음날로 예정된 브라질 최대의 철강기업 C사와의 회의에 대한 상념으로 가득 찬 가운데, C사의 해외사업 담당 임원인 P씨의 협상 스타일에 대해서 궁금해하고 있었다. 사실 비중 있는 비즈니스 협상 전에는 반드시 상대방의 성격과 관심사, 조직 내 위상, 인적 네트워크까지 면밀히 조사하지만, 그의 진면모는 무척이나 궁금했다. 물론 눈치나 감으로 추측할 수도 있지만, 상대방의 스타일과 그의 욕구를 미리 알아내고 대처하는 것은 비즈니스맨의 기본이다.

갑의 성향과 자부심, 어떻게 요리할까?

상사맨 시절 거래를 추진한 적이 있던 브라질 C사의 P씨는 독특했다. 브라질인들은 원래 잘 떠들어 대지만, 속내를 쉽게 드러내지는 않는다. 브라질인들의 대부분은 유럽인, 원주민, 노예의 피가 뒤섞인 혼혈인들로서, 그들의 기질 속에는 은연중 드러나는 자부심과 넬송 호드리게스Nelson Rodrigues라는 연극인이 표현한 '잡종 콤플렉스Complexo de vira lata'가 혼재되어 있다. 브라질인들은 축구, 삼바, 파티에 관한 이야기를 좋아하면서도, 본격적인 상담에 들어가면 대국인다운 진중함과 매너를 보인다. 그들은 협상 과정에서 고답적인 자세를 취할 때가 많으며, 그들의 속내를 모르면 답답하게 느껴진다. P씨 또한 그러한 부류에 속했으며, 약간 갑질을 하는 경향도 있었다.

필자는 그에 관한 사실들을 확인했다. 하나는 그가 한국의 대표적인 기업과 거래 관계를 맺을 필요성Need을 느끼고 있었다는 점, 또 하나는 새로운 비즈니스에 대한 공로를 인정받아서 승진하거나 위상이 높아지기를 원하고Want 있었다는 점이다. 사실 그로서는 우리와 거래 관계를 맺는 것이 하등 나쁠 것이 없었으며, 그에게 중요했던 것은 자신의 입지와 개인적 욕구를 충족시키는 것이었다. 그는 무뚝뚝하고 권위적이었으며, 그간의 경력에 비추어 볼 때 곧 승진을 해야만 했다. 지지자와 원군 또한 필요한 상황이었다. 필자는 그를 돕기로 했다. 하지만 갑의 성향과 권위로 뭉친 그를 어떻게 도울 수 있었을까?

교환전술, 통 크게 양보하라

그렇게 고심하던 중 문득 한 가지 생각이 떠올랐다. 그에게 명분과 실리를 모두 안겨줄 수 있을 듯했다. 필자는 '교환전술'을 쓰기로 했다. 교환전술이란 "이번에는 내가 양보할 테니, 다음에는 더 큰 기회를 달라"고 읍소를 하는 것이다. '작은 파이'는 양보하고 '큰 파이'를 먹기 위한 전술이기도 하다. 결국 필자는 손해 보지 않는 범위 내에서 화끈하게 양보를 하고, 다음 기회를 도모키로 했다. 물론 그에게는 새로운 거래관계를 구축할 수 있는 명분과 실적을 모두 확보할 수 있게 해 주었다. 아울러 C사의 대표에게는 그의 능력에 대한 기품있는 찬사를 전달하는 것을 잊지 않았다. 그것은 두 사람과 필자가 공동운명체라는 의식을 갖게 하면서, 추후에도 필자를 그들의 중요한 파트너로 여기게 하려는 전술이기도 했다. 어쨌든 그러한 행동들은 효력을 발휘하였고, 그와의 거래는 그의 승진 이후에도 오랫동안 지속되었다.

협상에서 당사자들의 입지는 수시로 바뀐다. 만약 을의 입장에 놓인다면 써야 할 전술도 달라진다. 교환전술은 그와 같은 상황에서 훗날을 노리는 전술로서의 가치가 있으며, 당장은 큰 이득이 없더라도 단단한 인맥을 구축하는 계기가 된다. 아울러 그가 잘 되면 대가 또한 돌아온다. 협상에서 언제나 갑이 될 수는 없다. 을로서 상대방을 돕는 것은 새로운 전환점이 될 수 있으며, 상대방을 감동케 할 수도 있다. 만약 상대방이 철저한 갑의 모습을 견지한다면, 교환전술을 쓰고 납작 엎드리는 것이 좋다.

치사한 전술도 약이 된다

중국 산둥성 정부 관계자들과 IT제품 현지생산판매법인 설립을 위한 투자 조건에 관해서 협상을 진행할 때의 일이다. 지리한 수개월 간의 왕복 협상이 막바지에 이르던 어느 날, 그들은 우리 측의 요구로 진행된 필담 도중에 한 잔의 차를 내놓았으나, 그 차는 너무 진하고 뜨거워서 마실 수가 없었다. "아니, 이 무슨 짜증나게 하는 일인가? 이것은 우리 측 주장에 불만을 표시하기 위한 의도적인 장난이 아닐까?" 이러한 의구심을 떨쳐버릴 수 없는 가운데 협상은 난항을 겪으며 당초의 예상보다는 무난한 조건으로 마무리되었다. 하지만 그들은 최종 합의서에 대한 서명 직전 그간 논의되지 않은 조세 항목을 추가시킬 것을 요구하였다. 정말 치사한 일이었다.

막판에 끼워 넣기

당신은 시장에서 채소값의 흥정을 마친 어느 부인이 채소 한 단을 슬그머니 집어 들고서는 공짜로 끼워 넣어 달라고 요구하는 모습을 본 적이 있을 것이다. 그것은 채소가게 주인의 입장에서 보면 정말 치사하기 짝이 없는 행위이겠지만, 부인의 입장에서는 전혀 손해 볼 일이 아니다. 필자가 겪은 중국 측의 '막판에 끼워 넣기Nibbling 쥐가 음식을 갉아먹는다는 뜻'도 그와 다를 바가 없다. '막판에 끼워 넣기'는 눈치가 보이는 치사한 전술이지만, 협상의 마무리 단계에서 한 번쯤은 시도해 볼 만한 전술이다. 타결 직전의 애매한 요구는 거절하기 어려우니, '밑져야 본전'이라는 말은 전혀 틀린 말이 아니다.

'막판에 끼워 넣기'는 필자도 간혹 써먹어 본 전술의 하나이다. 예를 들면, 기업의 인수합병M&A 협상이 막바지에 이르렀을 때, 경영실사Due Diligence 비용의 일부가 누락되었다고 주장하면서 생각지 못한 금액을 요구하는 것이다. 이는 자칫 술수나 기만으로 여겨질 수도 있지만, 받아들여지면 오히려 큰 이득이 된다. 경영실사 비용의 경우 일부라도 적지 않은 금액인 경우가 많다. 협상 테이블에서 막판에 떼를 쓴다고 해서 그걸 물리치기는 어렵다. '막판에 끼워 넣기'는 그 비중이 미미하더라도 실속 있는 전술이다. 이 전술은 마치 권투에서의 피니시 블로우Finish Blow처럼 통쾌감마저 안겨준다.

'막판에 끼워 넣기'에 대한 대응책은 바로 '역니블링Counter Nibbling Tactics'이다. 역니블링은 "마침 저희 측에서도 요구사항이 있습니다. 그걸 받아들여 주신다면 귀사의 제안을 받아들이겠습니다."라는 식으로 되받아치는 것이다. 니블링에는 역니블링이 답이다.

의도적 압박

1971년 봄 미국과 중국 간의 수교를 위한 사전 협상 목적으로 중국을 방문한 미국 국무장관 헨리 키신저는 상대자인 중국 수상 저우언라이朱恩來가 첫 대면 인사를 마치자마자 큰소리로 타구에 침을 뱉는 모습에 아연실색했다. "아니, 아무리 더럽기로 알려진 중국인이라지만, 일국의 수상이며 프랑스 유학까지 했다는 사람이 이런 행태를 보일 수 있었을까?" 추측컨대 누구라도 이러한 상황에 처하게 되면, "뭐 이런 일이 다 있지? 정말 무례하기 짝이 없구나!"라는 생각을 금치 못할 것이다. 하지만 어찌하랴? 그렇다고 해서 먼 곳까지 위험을 무릅쓰고 간 마당에 막중한 협상을 그냥 걷어치울 것인가?

협상은 긴장의 연속이다. 팽팽한 대립 속의 긴박감은 엄청난 스트레스로 다가온다. 이럴 경우 한 잔의 차는 여유와 평정심을 유지하는 데 도움이 될 수 있지만, 그 한 잔의 차가 아주 쓰게 느껴질 정도라면 이는 압박감을 가중시키는 또 하나의 스트레스가 된다. 쓰디쓴 차를 내놓는 것은 상대방의 심리를 교란하는 '의도적 압박 전술Stress'의 하나일 수도 있다. 의도적 압박은 일종의 비이성적인 행위로 여겨질 수 있지만, 협상 과정에서의 불만을 간접적으로 드러내는 수단으로서의 가치가 있다. 의도적 압박은 야무진 교란술이다.

치사함의 또 다른 극치들

협상 테이블에 등장하는 '치사한 전술'은 다양하다. '막판에 끼워 넣기Nibbling'나 '의도적 압박Stress' 이외에 몇 가지 예를 들면, 시작부터 긴장을 조성하거나 딴소리를 하는 것Crunch Time, 장광설을 늘어놓는 것Bring the Dancer, 뜬구름을 잡는 것Make Balloon Futures, 면전에서 쑥덕거리는 것Huntley and Brinkly, 말도 안 되는 소리를 하는 것Roaring Brains, 합의 전에 오리발을 내미는 것Leave the Altar, 처음부터 다시 하자고 하는 것Re-trading the Deal, 막무가내로 나가는 것Turning Soviet, 윗사람을 부르라고 하는 것Calling the Higher Authority, 자리를 박차고 일어나는 것the Walkout 등이 그것들이다. 이러한 전술들은 양의 탈을 쓴 늑대의 모습을 드러내는 것Belly-up 같지만, 슬기롭게 활용하면 협상 과정에서 신선한 자극제가 될 수도 있다.

과도한 열정은 금물!

협상에는 금기 사항이 있다. 협상에서 다양한 전술을 활용하는 것은 바람직 하나, 상대방에게 지나친 화를 내거나 인신공격을 퍼붓는 것은 금해야 한다. 협상의 대화 중 적당한 화는 기회를 탐색하는 무기가 될 수 있지만, 지나친 화는 기회를 포기하는 수단이 된다. 협상의 대화 중에 벌어지는 인신공격은 그간의 공든 탑과 파트너십을 무너뜨리는 지름길이다. 인신공격은 마음을 상하게 하며, 마음을 상하게 해서는 마음을 얻을 수 없다. 협상에서 과도한 열정은 하수들의 전유물이다. 아무리 똑 부러지는 전술을 전개하더라도 성미를 다스리지 못하면 차라리 협상을 아니함만 못할 것이다.

협상은 이성적인 당사자 간의 합의를 도출하는 과정이다. 그럼에도 불구하고 협상 과정에서는 의외의 일들이 난무한다. 협상과정에서의 치사한 전술은 의도적인 불만의 표시로써 연출되거나 중요한 국면에 찬물을 끼얹기도 하지만, 협상의 분위기를 유리하게 이끄는 데는 효과적인 무기가 될 수도 있다. 정말 치사한가 아닌가에 대한 판단은 상황과 해석에 달려있다. 치사한 전술들은 평판의 훼손이나 보복, 또는 협상의 결렬을 초래할 수도 있지만, 부풀림과 과장 속에서도 침착과 냉정을 유지할 수 있다면 마다할 이유가 없다. 치사한 전술들도 고수에게는 약이 된다. 말려들지 않으면 진짜 고수이다.

제5절

국면을 장악하고 즐겨라

기선을 잡아라

상사맨 시절, 중앙아시아 카자흐스탄의 국영 기업에서 구매한 철강제품 상당량을 시베리아 철로를 경유 운송 후, 중국 동북 3성 지역에 판매하는 거래를 추진한 적이 있다. 그 거래는 품질, 납기, 운송, 대금 회수 등 모든 면에서 위험과 난이도가 높은 비즈니스의 개척 사례였으며, 그 과정과 내용은 마치 봉이 김선달의 물장사와 같다고 해도 과언이 아니었다. 특별히 기억나는 일은 운송 시스템의 구축을 위해서 시베리아 횡단철도TSR의 기착지와 극동 연안의 항구들을 방문한 것이었는데, 명배우 스티브 맥퀸Steve McQueen, 1930~1980을 닮은 듯했던 현지인과 함께 이동하던 일은 아직도 기억에 생생하다. 그것은 혹한의 철로 위에 쇳물처럼 뜨거운 열정을 쏟던 시절의 일이기도 하다.

첫 제안, 닻 내리기 효과

당시 카자흐스탄 기업의 경영이 그다지 선진화되어 있지 않은 상황에서, 우리는 이 위험성 높은 거래 추진을 정당화할 수 있는 유리한 조건으로 구매

할 수 있었다. 하지만 이러한 상황을 어느 정도 감지한 중국의 거래선들은 당연히 아주 낮은 가격을 기대하고 있었다. 그러한 상황에서 필자는 먼저 그들의 의중을 떠보는 수준에서 상담을 시작하다가, 본격적 상담 국면에 접어들어서는 선진 시장의 수준에 근접하는 높은 가격을 과감히 던져주었다. 그 결과, 협상은 당초 예상과 달리 목표로 한 가격보다 크게 높은 수준에서 마무리되었고, 이후 수천만불 규모의 외형과 높은 이익율을 실현할 수 있었다.

협상에서는 이와 같이 유리한 고지의 선점을 통해 기선을 제압하는 것이 중요하다. 그것은 인간의 뇌는 처음에 접한 정보나 경험에 우선적으로 끌려가는 경향이 있기 때문이다. 행동경제학에서는 이를 '닻 내리기 효과Anchoring Effect'라고 하는데, 협상에서는 인간의 그와 같은 심리를 잘 이용하여 성과를 도모하는 것이 중요하다. 닻 내리기 효과는 심리학자이자 경제학자로서 노벨경제학상을 수상했던 대니얼 카너먼Daniel Kahneman, 1934~ 박사의 '초두 효과Primacy Effect'에 관한 실험으로도 반증된다. 카너먼 박사는 두 그룹의 학생들에게 5초의 시간을 주고서, 한 그룹은 8×7×6×5×4×3×2×1이라는 문제를, 다른 한 그룹에게는 1×2×3×4×5×6×7×8이라는 문제를 풀게 하였는데, 그 결과 큰 숫자로 시작한 그룹의 추정치가 작은 숫자로 시작한 그룹의 추정치보다 높게 나왔다. 협상에서도 상대방에게 처음으로 던져주는 숫자나 정보는 위력이 있고, 세세한 국면과 판단에도 커다란 영향을 미친다.

협상의 시작은 기선을 잡는 것이다. 기선을 잡으려면 첫 제안부터 세게, 강하게 나가야 한다. 그것은 상대방에게 정신적 부담감을 안기며 선택을 유도하는 데 유리하다. 너무 황당무계할 정도가 아니라면, 성과의 크기도 그만큼

커질 수 있다. 노련한 협상가는 흥정하는 법이 다르다. 공중전에서 이기는 자는 지레 겁을 먹고 저공비행에서 전투를 시작하지 않는 사람이다. 첫 제안은 높이 던져라! 그 누구와 협상을 하든 강하게 기선을 잡아라!

형세에 올라타라

바둑을 잘 두려면 큰 형세를 보고, 큰 흐름을 읽고, 멀리 봐야 한다.

看大局, 看主流, 看長遠

중국의 외교부장을 지낸 양제츠杨洁篪가 남긴[2013] 이 말은 중국의 외교 원칙을 잘 설명해 주고 있다. 바둑은 다른 말로 난가爛柯라고도 하는데, 이는 기원전 700년 무렵 '진晋나라 사람 왕질이 나무하러 갔다가 어린 동자 둘이서 두는 바둑을 넋 놓고 보는 동안 손에 들고 있던 도끼자루柯가 폭삭 썩었다爛'라는 고사에서 나온 말이다. 바둑은 형세를 파악하는 능력과 더불어 혼이 빠질 정도의 집중력을 요구하며, 만약 국면과 판세를 휘어잡지 못하면 실패하게 된다. 바둑과 같은 게임의 성격을 띤 협상에서도 '국면을 잘 읽는 것'과 '판세를 장악하는 것'은 승리의 절대적 요소이다.

국면과 속셈을 읽어라

협상을 시작하기에 앞서 할 일은 먼저 국면을 읽는 것이다. 그 이유는 주변의 상황이 유리하게 여겨지면 과감히 전진해야 하고, 주변의 상황이 불리하게 생각되면 신중히 움직여야 하기 때문이다. 국면을 읽는다는 것은 결국 상대방의 속셈을 읽는 것과 관련이 있으며, 이는 협상의 방향을 암시해준다. 국면과 속셈을 읽으려면 부드럽고 은밀하게 상대방을 건드려야 한다. 국면과 속셈을 읽는 것만으로 결과가 완전히 보장될 수 있을까? 아니다. 상대방 또한 나와 같은 시도를 하고 있을 수 있기 때문이다. 국면과 속셈을 읽은 후에는 차단을 해야 한다.

차단하라

"저도 회사의 녹을 먹고사는 사람인데 얻어가는 것 없이 귀국하면 난리 납니다. 개인적으로야 하시는 말씀 다 들어드리고 싶지만, 요즘 경제 상황 잘 아시지 않습니까?" 필자가 해외 출장 중 십팔번처럼 써먹었던 말이다. 협상 중에 겪는 어려움은 상대방이 주장의 강도를 높이면서 압박을 가해 오는 것이다. 이럴 경우 해야 할 일은 상대방이 주장을 더 이상 계속할 수 없게 만드는 것이다. 열심히 열을 올리는 사람을 제어하는 방법은 경청, 굴복, 차단 중의 하나인데, 만약 상대방이 처한 국면과 속셈을 읽은 경우라면 차단의 효과를 도모하는 것이 필요하다. 차단은 흔히 말하듯 딴지를 거는 것이다. 차단은 노골적으로 하기보다는 점잖게 슬금슬금 하는 것이 효과적이다.

형세에 올라타라

국면과 속셈을 읽고 차단을 한 다음에 반드시 해야 할 일은 형세에 올라타는 것이다. 이는 반복적인 관찰로써 대세를 읽되, 지금 당장의 상황뿐만 아니라, 앞으로의 형세와 국면에 대처할 수 있는지까지를 고려하여 재빠르게 움직이라는 말이다. 주식시장에서도 "달리는 말에 올라타라"라는 말이 있는데, 이 말은 이제 막 달리기 시작했거나 달린 지 얼마 안 된 말에 올라타라는 의미이지, 달릴 만큼 달려서 기운이 빠진 말에 올라타라는 것이 아니다. 협상의 변화무쌍한 국면에서 승기勝機는 기다림 속에 칼날을 닦고 적시에 휘두르는 자의 몫이다.

협상 테이블에서 국면과 속셈을 읽는 것, 상대방의 주장을 차단하는 것, 그리고 형세에 올라타는 것은 승리 방정식의 절대적인 변인들이다. 형세에 올라타려면 상대방의 위세에 쫓기지 말아야 할 정도로 실력과 자신감을 가져야 한다. 바둑에서나 협상에서나 고수들은 수읽기, 감각, 평정심에 능통한 사람들이다. 협상에서의 승리는 국면과 속셈을 잘 읽고, 형세에 재빨리 올라타는 자의 것이다. 형세에 올라타는 자는 전투에서 밀리는 법이 없다.

허를 찔러라

허 찌르기는 상황의 반전을 노리는 전술이다. 허 찌르기의 대표적 방법이 허허실실虛虛實實이다. 허허실실은 상대방의 허점을 찾거나 그에게 유리한 상황을 불리한 상황으로 변화시켜서 공략하는 것이다. 허허실실은 상대방의 힘이 약할 때는 정공법을 쓰고, 상대방의 힘이 강할 때는 변칙을 사용한다. 허허실실의 궁극적인 목표는 '상대방의 전략을 살피다가 허를 찔러 가차 없이 제압하는 것'이다. 삼국지에 나오는 유명한 전투인 적벽대전에서 제갈량은 패배한 조조의 퇴로에 관우, 장비, 조자룡 등을 보내 허허실실 작전을 펴는데, 조조는 간신히 도망가는 주제에도 호탕하게 웃으며 공명의 지모智謀를 비웃다가 매복한 유비군에 의해 혼비백산한다. 흔히 말하는 '허 찌르기'는 대체로 약자나 을의 입장에서 구사하는 전술이다.

허 찌르기, 고수들의 잔꾀

허 찌르기는 크게 싸우지 않고 이기려는 전술이다. 이 전술은 상대방이 멍청해질 정도로 용기와 정교함을 요구한다. 허 찌르기는 자신의 입장이 강함에도 그것을 모르는 상대방에게 잘 먹혀들어 간다. 협상테이블에서의 허 찌르기는 논리의 비약이나 불충분을 파고들면서 상대방을 당황케 만든다. 영화 '세 얼간이'에서 주인공 란초가 능글능글한 비루 사하스 교수의 말 중에서 허점을 찾아 유들유들하게 공격하는 것은 허 찌르기의 압권이다. 기 싸움에 흔히 수반되는 허 찌르기는 흥분 상태가 아닌 은근하고 조용하게 진행하는 것이 효과적이다.

허 찌르기는 '미치광이 이론'을 원용하기도 한다. '미치광이 이론Madman Theory'은 냉전 시대에 미국 대통령 리처드 닉슨Richard Milhouse Nixon, 1913~1994이 활용한 외교 전략인데, 이는 마치 미치광이처럼 행동함으로써, 상대방에게 공포감을 조성하고 협상 국면을 유리하게 이끄는 것이다. 닉슨은 구 소련의 위협에 대항하여 미군에 핵전쟁 경계령을 내리면서, "나는 화가 나면 자제하지 못하고, 항상 핵단추 위에 손을 올려 놓고 있다."라는 소문을 퍼뜨렸는데, 이는 구 소련을 협상테이블에 끌어내기 위한 의도에서 나온 것이다. '미치광이 이론'은 두려움을 조장하면서 허점을 노리는 효력을 발휘한다.

허 찌르기의 궁극적인 목표는 국면의 전환과 불리한 위치로부터의 탈출이다. 허 찌르기는 고수만의 전용물이라고는 하나, 기 싸움을 두려워하지 않는 사람이라면 누구나 행할 수 있는 전술이다. 허 찌르기는 예리한 판단과 냉철한 행동을 필요로 한다. 이기는 협상가는 불리한 상황에서도 촌철살인寸鐵殺人의 지혜와 행동으로 승부한다.

살라미 전술을 전개하라

"비공산주의자들을 살라미 슬라이스처럼 잘라내어 버려야 한다."

헝가리는 중동구의 아름다운 나라이다. 유구한 왕정의 역사와 합스부르그 왕국의 잔재 이외 나치의 만행과 공산주의 압제의 역사를 안고 있는 이 나라는 현재 EU 회원국이다. 라코시 마차시Rákosi Mátyás, 1892-1971는 1940대 후반부터 10여년간 공산당 서기장을 지낸 독재자로서, 반대파 숙청을 위해 우익, 중도파, 내부 반대 세력 등을 마치 살라미 소시지를 잘라내듯 차례대로 제거했다. 살라미 전술은 그처럼 하나의 과제를 여러 단계별로 세분화해 해결해 나가려는 협상 전술의 하나이다. 살라미Salami는 얇게 썰어 먹는 이탈리아식 드라이소시지를 가리키며, 소금과 향신료가 포함된 건조 소시지로서 짭짤하고 딱딱하기 때문에 얇게 썰어 먹는 게 일반적이다.

기만, 단계별 세분화

'살라미Salami' 전술은 어떤 문제가 발생했을 때 단계를 세분화하여 매 단계에 대한 대가를 받아냄과 동시에 이익을 극대화하려는 전술이다. 살라미 전술은 통상 작은 목표를 달성하기 위해 큰 요구를 하되, 이후 큰 요구를 거절한 상대가 안심하면 숨겨둔 목표인 작은 것을 얻어내려는 전술이다. 살라미 전술은 일종의 기만전술이다. 북한은 1994년 제네바 협상 이래 최근의 북미 핵 협상에 이르기까지 살라미 전술을 습관적으로 구사해 왔으며, 핵을 전격적으로 폐기하는 것이 아니라 동결, 유예, 불능화, 봉인 등 다양한 개념을 개발해 상대를 억누르며, 매 단계마다 상당한 보상을 받아왔다. 하지만 그러한 기만전술은 이제 더 이상 통하지 않는 듯하다.

관심, 시간 끌기

살라미 전술의 또 다른 특징은 슬며시 밀고 나가는 것이다. 정치인들의 행태를 보면 애매모호한 화법으로 출마 가능성을 내비치면서, 대중의 관심을 슬며시 높여가는 것을 볼 수 있다. 이 경우 대중은 어느 편일까? 대중은 과연 눈치가 없을까? 눈치와 결단은 따로 움직여서는 안 된다. 북핵 문제에서도 마찬가지이다. 일괄 타결이냐, 아니냐? 스몰 딜이냐 빅 딜이냐의 문제는 이해관계의 특성과 시간의 문제이다. 시간의 조력자는 물론 상대방의 허를 찌를 만큼의 정보력이다. 북한의 지도자에게 전하고 싶다. 피차간 속내를 모두 드러낼 만큼 서두를 필요는 없으나, 너무 시간을 끌면 국제사회의 신뢰와 경제발전도 신기루처럼 눈앞에 보이다가 사라질 것이다.

살라미 전술은 벼랑 끝 전술을 수반하기도 한다. 매 단계 긴장과 위협이 따른다. 허나 진정성 없는 기만으로 슬며시 시간을 벌어봐야 남는 것은 패배와 불신뿐이다. 역사는 기만하지도 기만에 넘어가지도 않음을 기억해야 한다.

벼랑 끝 전술을 구사하라

영화 '이유 없는 반항'은 흘러간 명화 중의 하나이다. 명배우 제임스 딘James Dean, 1931~1955이 주연한 그 영화 속에는 적개심과 허세에 가득 찬 나머지 충동적으로 행동하는 두 젊은이가 '치킨 게임'을 벌이는 장면이 나온다. 치킨 게임은 두 사람이 동시에 벼랑 끝까지 차를 몰고 달리다가, 낭떠러지 가장 가까이에서 멈추는 사람이 이기고, 추락의 공포로 인해 먼저 차에서 뛰어 내리는 사람이 지는 게임이다. '치킨 게임'의 룰은 두 사람이 반대 방향에서 차를 몰고 질주하는 경우에도 동일하며, 충돌의 두려움 때문에 먼저 핸들을 꺾거나 차에서 뛰어 내리는 사람이 역시 지게 된다.

명배우 제임스 딘(James B. Dean, 1931~1955)과 나탈리 우드(Natalie Wood, 1938~1981)가 열연한 미국의 청춘 드라마 '이유없는 반항(1955)'

치킨 게임은 한 마디로 비겁한 겁쟁이Chicken가 되지 말라고 협박하면서 비상식적인 요구를 하는 것이며, 군사, 외교, 비즈니스에서의 무한경쟁이나, 극단적인 벼랑 끝 전술의 하나로써 사용되기도 한다.

벼랑 끝 전술, 반전과 재협상의 제스처

"북한은 내가 상대해 본 가장 뛰어나고 강력한 협상가들 가운데 하나다. 그들은 괴짜도 아니고 무분별하지도 않다. 그들은 당신을 미치도록 만들고, 당신의 성급함을 이용할 것이다." 미국 최초의 흑인 국무장관을 지낸 콜린 파월Colin Luther Powell, 1937~ 의 이 말은 북한이 자주 쓰는 '벼랑 끝 전술'이 무엇인가에 대해서 극명히 설명해 준다. 그의 말대로라면, 벼랑 끝 전술의 주인공들은 극단적이고 주도면밀하되, 상대방으로 하여금 인내의 극한을 느끼게 하는 사람들이다.

필자는 북한의 IT 소프트웨어 엔지니어들을 활용하여 일본기업들이 필요로 하는 기업자원관리시스템ERP을 개발코자 북한 측 관계자들과 개성공단에서 협상을 추진한 적이 있으나, 그들의 요구조건은 터무니없는 수준이었다. 그들은 상식을 초월할 정도로 야비한 인간들인지도 모른다. 하지만 뛰어난 협상가임에는 틀림이 없다.

벼랑 끝 전술Brinkmanship은 특정 사안을 놓고 대립하는 순간 "생존이냐 죽음이냐?"라는 절대절명의 선택을 강요하는 전술이다. 그것은 극한의 순간을 승리로 반전시키는 전술로서의 가치를 지니고 있다. 일례로 최인호의 소설 『상도商道』의 주인공 임상옥이 중국상인들의 인삼 불매 위협에 대항하면서,

갖고 있는 인삼을 싸게 파느니 차라리 불질러 버리겠다고 그들을 위협한 것은 바로 극단적인 벼랑 끝 전술의 하나라고 할 수 있다. 물리적 시위는 대의명분에 대한 부담감과 재협상에 대한 의지를 불러일으키며 상대방을 압박하며 후회까지 하게 만든다.

벼랑 끝 전술의 의미는 상황에 따라 다르다. 벼랑 끝 전술은 극적인 반전을 기대하며 연출되는 경우가 많지만, 협상의 새로운 장을 열어주는 계기가 될 수도 있다. 벼랑 끝 전술은 "나는 더 이상 잃을 것이 없으니, 도와 달라!"라는 제스처로 해석되기도 한다. 노련한 협상가는 벼랑 끝 전술을 활용할 때는 활용하되, 남발하지도 말려들지도 않는다. 벼랑 끝 전술은 신뢰를 완전히 잃을 정도로 전개되어서는 안 된다.

양보에도 단수가 있다

미국 하버드대에서 '협상론'을 강의하는 벤저민 에델먼이라는 젊은 교수 이야기이다. 그는 어느 날 학교 인근의 '쓰촨가든'이라는 중식당에 53.35달러어치의 음식을 온라인으로 주문했는데, 나중에 4달러가 더 결제된 것을 알고서는 항의하는 메일을 보냄과 동시에 환불을 요구했다. 이에 식당 주인은 "가격 인상을 웹사이트 관리 회사에서 반영하지 않은 겁니다. 그건 의도적인 바가지가 아닙니다."라고 해명했다. 이에 에델만 교수는 다시금 "온라인 가격표와 다른 가격에 판 것은 메사추세츠주의 법규를 위반한 것이니, 그 대가로 잘못 청구된 4달러의 3배인 12달러를 배상하라"라고 요구했다. 이에 식당 주인은 "정 그렇다면 3달러만 배상하겠다."고 응답했는데, 에델만 교수는 결국 "제소하겠다."라고 주인을 공박했다. 그 결과는 정말 뜻밖이었다.

도度를 넘는 양보, 그 종착역은?

이야기는 곧 파장을 일으켰다. 양측 간의 공방이 언론을 통해 알려지자 인터넷에는 에델먼 교수에 대한 비판이 들끓었으며, 네티즌들은 그를 '돈만 밝히는 교수'라고 비판했다. 학교 이미지의 악화를 우려한 학생들은 "학교 인근의 영세한 식당이니, 우리가 대신 12달러를 모금해서 에델먼 교수에게 전해 주자"라는 캠페인까지 벌이게 되었다. 결국 여론에 밀린 에델먼 교수는 자신의 홈페이지에 "내 주장이나 주장하는 방식 모두 선을 넘었다. 음식점 주인에게도 개인적으로 사과하겠다."라는 공개 사과문을 올렸다. 그렇다. 도를 넘는 양보나 그것을 요구하는 데에는 문제가 있는 법이다.

양보에 관한 한 중요한 것은 그 내용과 요구 방식이다. 양보는 크게 할 것인가, 작게 할 것인가? 아니면 뜸을 들일 것인가, 흔쾌히 할 것인가? 양보는 의도, 크기, 타이밍, 그리고 표현 방식에 따라 효과성 여부가 판가름 난다. 양보는 무조건 한다거나 넙죽 받아먹으라고 하는 것이 아니다. 양보는 미덕인지 몰라도, 최소한 그 속에는 단수가 있어야 한다. 양보란 참으로 미묘한 흥정과 타협의 기술이다.

양보, 원칙과 방법은?

양보는 어떻게 해야 하나? 양보의 미묘함은 양보를 마다할 사람은 없다는 것, 적당히 뜸을 들인 뒤에 양보를 하면 더욱 고마워하는 것, 양보를 해줄수록 당연히 받아들이면서 속상하게 만드는 것 등에서 비롯된다. 양보란 원래 교만과 아쉬움을 남기는 법이다. 한 쪽이 양보해야만 해결되는 경우도 많다. 하지만 양보를 마다할 사람은 없을 것이다. 양보의 원칙과 방법론에 대해서는 많은 주장과 해석이 있을 수 있으나, 간략히 정리하면 다음과 같다.

첫째, 양보는 자신에게 유리한 것만을 고집해서는 안 된다. 승자독식은 아마추어의 전유물이다. 둘째, 상대방이 대폭 양보한다고 해서 무턱대고 받아들여서도 안 된다. 양보는 반드시 그에 상응하는 대가를 염두에 두어야 한다. 셋째, 너무 양보하지 말아야 한다. 특히, 협상이 지연되거나 타결이 난망 시될 때, 또는 상대방의 태도가 너무 지나치다고 여겨질 때일수록 흔들려서는 안 된다. 너무 양보를 하면, 얕잡아 보이거나 격이 떨어진다. 넷째, 정말 양보를 하기 싫으면 상대방의 손발을 묶어놔야 한다. '손발묶기전술Lock-in Tactics'은 상대방의 요구를 차단할 수 있다. 노조의 반발이나 상대방의 실수를 거론하는 것이 그 예이다. 다섯째, 양보가 상대방의 실수인 경우에는 능청스럽게 받아들이거나 은연중에 잘못임을 암시해 주는 것이 좋다.

비즈니스 무대에서 양보는 필요선이자 필요악이기도 하다. 양보의 두 얼굴은 혼란을 일으키기도 하지만, 양보를 받으면 양보를 하는 것이 협상자의 심리이다. 그러므로 심각한 교착 상태가 아니라면 일단 양보로 시작하는 것도 바람직한 일이다. 협상자로서 다만 중요한 것은 양보의 원칙을 준수하려는 시도와 양보들 사이의 가늠자를 잘 조정하는 것이다. 양보는 거래의 성사보다는 기대치에 초점을 두어야 한다. 양보에도 단수가 있어야 한다.

최후통첩은 부드럽게 하라

"좋습니다. 기회가 된다면 다음에 만나기로 하지요.
하지만 지금부터 24시간 이내에 귀사의 입장을 밝혀 주지 않으면
목에 칼이 들어와도 다시는 이 문제에 대해서 논의하거나 협상하지 않을 것입니다."

보스포러스해의 아름다운 경관마저 눈앞에서 사라지는 듯 느껴지던 이스탄불에서의 분투, 터키의 공급사인 C사 사장과의 마지막 대화1990년 5월를 마무리하려던 필자는 나직하고 부드러운 목소리로 위의 말을 던진 후 자리를 떴다. 이판사판이랄까? 지난 열흘 동안의 끈질긴 협상이 사실상 무위로 끝나고, 앞으로 남은 것은 결과를 알 수 없는 소송전뿐이었다. 하지만 이미 폭락한 중국시장으로 향하게 되었던 물건의 선적은 완료되었고, 그들은 이미 거래은행에 320만 달러의 대금지급을 요청한 상태이니, 눈앞이 더욱 캄캄해지는 것은 어쩔 도리가 없었다. 한 줄기 희망은 중국의 구매회사가 밝힌 계약취소의 의사를 철회하는 것이었지만, 그것 또한 전혀 기대하기 어려운 상황이었다. 당시의 최후통첩은 효력이 있었던 것일까?

최후통첩, 반전의 묘수?

최후통첩Ultimatum은 협상의 교착상태Deadlock에서 최종적인 요구를 제시하고 일정한 기한 이내에 그것이 수락되지 않으면 실력 행사를 하겠다는 뜻을 밝히는 행위나 그 뜻을 기록한 문서를 가리킨다. 국가 간의 충돌 시에 최후통첩은 개전에 관한 헤이그 조약 1조에 의하여 그 효력이 인정되며, 상대국이 요구를 수락하지 않을 경우에는 기한의 경과 즉시 전쟁 상태로 돌입하게 된다. 최후통첩은 극한의 투쟁을 선포하는 신호이자, 운명의 여신을 향한 몸짓이다. 그렇다면 최후통첩은 상황을 반전시킬 수 있을까?

터키 C사와의 협상, 그것은 피를 말리는 듯한 줄다리기의 과정이었다. 최후통첩이 국면의 반전에 직접적인 영향을 미쳤는지는 알 수 없었다. 하지만 중국의 구매회사로부터 제기된 계약 취소 의사를 철회시키려는 과정에서, 행운의 여신은 C사에게 타협의 여지를 가지라고 손짓을 하고 있었다. 신의 가호였을까? C사는 운송 지연과 불법적인 서류의 제시 등 전혀 예상치 않았던 약점을 노출하면서 공격의 틈을 주기 시작했고, 필자는 그러한 상황을 최대한 활용하려고 했다. 필자는 중국 내 구매자들로부터 심각한 클레임이 제기될 것이라는 능청스러운 압박과 더불어 계약의 미미한 불이행도 엄연한 불이행이라고 주장하면서 더욱 강경하게 C사 사장을 몰아세웠고, 한편으로는 지급동결 조치의 가능성을 은밀히 변호사와 협의하기 시작했다.

무언가 눈치를 챘거나 겁을 먹은 것이었는지, 그동안의 거래관계를 의식한 것이었는지는 몰라도 C사 사장은 필자가 남긴 최후통첩의 부드러움 속에서 뒤늦게 타협의 여지를 발견한 것 같았고, 필자 또한 그러한 육감을 떨쳐 버릴 수 없었다. 일이란 안될 때는 정말 안 되지만 풀릴 때는 더 잘 풀린다더니, 지급동결 조치의 가능성이 엿보였고, 중국의 구매회사는 한풀 수그러들기 시작한 가운데, C사 사장은 마침내 대화에 임하기 시작했다. 이후의 협상 과정이 만만치는 않았으나 최후통첩이 타결에 기여했음은 분명한 사실이다.

최후통첩은 대화를 중단하고 오직 강경일변도에 의존하는 것이다. 하지만 대화의 통로를 완전히 차단할 경우 기다리는 것은 오직 투쟁이나 공멸뿐이니, 그 형태나 표현방식에는 지혜로움이 요구된다. 극한 상항에서 "한 번 생각해 볼게요."라는 표현은 있을 수 없지만, 부드러움만은 남길 수 있다. 부드러움은 비장함을 증폭시킨다. 절체절명의 순간에 퇴로를 열어 놓는 것, 그것은 부드러움 속에 비장함과 여운을 남기는 것이다. 프로에게는 '노No!'라고 말해야 하는 순간이 바로 협상의 재출발점이다. 최후통첩은 부드럽게 해야 한다.

시소게임, 너무 무거워하지 않게 하라

"미스터 리, 아니 당신은 왜 그들에게 24만 달러나 되는 금액을
물어 주려고 합니까? 당신은 이 싸움의 승자입니다"
"아닙니다. 너무 상처를 깊이 주면, 훗날 다시금 좋은 파트너가 될 수 없습니다."

오래 전[1993년 5월] 홍콩 소재 유수의 로펌 C사 소속 변호사인 P씨와 나누던 대화 중 일부이다. 앞서 이야기한 것처럼, 터키의 대표적 철강기업 중의 하나인 C사와의 미화 320만 달러 규모의 구매대금 지급 문제로 인한 분쟁은 정말 심각했다. 사실인즉, C사는 계약을 제대로 이행하지 않은 가운데 관련 서류들을 위조한 후 자신들의 거래은행에서 대금을 결제하려고 하였고, 필자는 사태의 위험성에 직면하여 홍콩 소재 관할법원을 통해서 동 건에 대한 지급동결 조치를 추진하고 있었다. 국제무역 사상 가장 복잡하고 어려운 당시의 분쟁은 치열한 공방과 시소[See-Saw]게임 끝에 계약의 무효화로 종결되었으나, 필자는 C사의 막대한 손실을 고려하여 기 발생된 운송 및 하역비의 상당 부분을 부담했다. 승자의 아량이었을까? 그것은 아주 일반적이지 않은 조치였다.

시소게임, 그 묘미는?

세상에는 수많은 유형의 게임이 있다. '시소See-Saw'란 박빙의 승부가 벌어지는 스포츠나 비즈니스에서 상대방을 제압하려는 게임이다. 시소의 묘미는 온몸의 힘을 모아 올라갔다 내려갔다 하면서 상대방을 제압할 때까지 공중으로 치솟는 것인데, 힘이 아주 세거나 능숙한 사람은 상대방을 지속적으로 제압할 수 있지만, 만약 그렇지 못하면 오히려 시소 대를 이탈, 땅바닥에 굴러떨어질 수 있다. 시소란 결국 한 쪽이 승리의 달콤한 잔을 들게 되는 순간 다른 한 쪽은 패배의 쓴 잔을 마시는 게임이지만, 그 속에는 위험성이 존재한다. 시소는 머리와 기세를 함께 동원하는 고도의 심리전이기도 하다.

흔히 비즈니스는 전쟁이라고들 말한다. 그럼 전쟁은 무엇인가? 전쟁은 승자만의 시소게임인가? 만약 그렇다면 패자의 입장은 어떠한가? 패자는 모두 약자인가? 만약 오늘의 패자가 부활한다면 어떻게 될까? 이러한 의문들에 대하여 명확한 해답은 없지만, 한 가지 분명한 것은 패자의 경우 실패의 상처가 너무 깊으면 다시는 곁으로 돌아오지 않을 것이라는 점이다. 시소는 당연히 거쳐야 하는 과정이다. 하지만 파트너십의 유지라는 관점에서 보면 배려의 여지를 그 속에 담는 것이 중요하다. 시소의 묘미는 사랑과 미움, 영혼과 육신 사이의 갈등이라는 관념의 세계에서도 존재하지만, 양보와 배려가 그 속에 없다면 달콤한 파트너십은 영영 기대할 수 없게 된다.

시소게임, 너무 무거워하지 않게 하라

협상에서는 다양한 형태의 갈등 국면이 속출한다. 실리와 명분이 엇갈리는 경우도 허다하다. 그러한 상황에서 중요한 것은 지금의 파트너십을 얼마나 더 견고하게 유지·발전시키느냐의 문제이다. 유명한 협상학자 로이 레위키R. Rewicki는 "사람들은 협상 전에 협상의 위험성, 갈등요인, 공존방법에 대해서 고려한다."라고 말한다. 협상에서 상대방에게 정도 이상의 부담을 안긴다면 그 협상은 깨지게 되어 있다. 협상에서 중요한 것은 힘과 무게감의 조절, 그리고 상대방의 만족감과 아쉬움의 파악이다. 협상의 고수는 이러한 점들을 잘 감지하며, 상대방을 지나치게 힘겨워하지 않게 해야 한다.

협상은 시소게임과 같다. 협상에서 나의 실리가 커지면 상대방은 힘겨워지고 얻는 것이 적어지며, 나의 실리가 적어지면 상대방은 힘이 나고 얻는 것이 많아진다. 주목할 점은 나의 실리가 지나치게 커지면, 상대방은 아주 힘겨워하며 아예 게임에서 벗어나려고 한다는 점이다.

협상을 할 때에는 나의 실리에 대하여 상대방이 느끼는 부담의 정도를 감지할 수 있어야 하며, 그러한 부담의 정도를 조절하지 못한다면 그 협상은 깨질 우려가 크다. 완벽한 승리란 존재하지 않는다. 비즈니스의 전장, 그 속에서 작동하는 '승리와 패배'라는 시소게임에서 승리에의 본능은 우리를 유혹하지만, 그것이 언제나 역사를 만들지는 못한다. 시소는 혼자 타는 것이 아니다. 너무 무거워하지 않게 하라!

격동의 세기, 세상은 격변하고 있다. 4차 산업혁명 시대의 새로운 비즈니스 모델 구현과 전향적인 파트너십을 염두에 둔 협상가들은 자신의 목적을 위해서라면 필히 이문화권 상대방의 흥정하고 타협하는 모습을 잘 알고 덤벼야 한다. 아무리 거상의 눈빛과 친구의 손길로 다가오더라도, 그들에 대해서 잘 알지 못하면, 견고한 파트너십은 고사하고 종국에는 모든 것을 다 양보하게 된다. 이문화 협상은 겉으로만 그럴싸한 전시회와 같은 것이 아니다. 유력한 파트너들과의 지속적인 유대를 위해서는 문화와 상관습에 뿌리를 둔 그들의 협상 스타일을 이해하고 협상을 이끌어야 한다. '21세기형 문화지능'은 유리한 고지를 넘어 장기적인 파트너십을 구축하는 데 필수불가결의 수단이다.

제3장

이문화 협상의 주도자가 되라

문화는 계속 밟아 문질러도 자라는 풀이다.

로베르트 무질(Robert Musil, 1880-1942), 오스트리아 작가

제6절

거상의 눈빛과
친구의 손길,
알고 덤벼라

앵글로색슨인,
코케이지언적 야성과 명리

필자는 네덜란드 상인들을 좋아한다. 그들은 항상 공정하고 명쾌하며, 누구와도 열린 마음으로 협상하고 거래하기 때문이다. 16세기 후반부터 글로벌 무대의 강자가 된 그들은 이탈리아 상인이나 인도 상인들처럼 계약서에 모호한 용어를 집어넣고서 자신들에게 유리한 방향으로 해석하는 경우가 없다. 그들은 자신들과 입장이 다르거나, 누군가 자신들의 일에 방해가 되면 아주 당당하게 대응한다. 1675년 프랑스의 자크 사바리Jac Savari라는 상인이 쓴 『완벽한 무역상』이라는 책에서는 네덜란드 상인들은 자신들의 아시아 지역 비즈니스에 끼어든 프랑스 상인들을 잔혹하게 다루었다고 기술하고 있다. 켈트와 게르만의 혼혈인인 그들은 일찍이 세계화의 선구자들이었다.

거상의 풍모, 흥정과 타협의 고수들

상사맨으로서 미국에서 일하던 시절 이래, 필자는 미국과 유럽인들 간의 협상 스타일의 차이에 대해서 관심을 가져왔다. 그들은 전쟁과 비즈니스로 단련된 민족의 후예들답게 흥정과 타협에 아주 능숙하다. 미국인은 상대방을 힘으로 눌러 주도권을 잡는 데 익숙하고, 영국인은 요리조리 재면서도 재빠르게 움직이며, 프랑스인은 높은 문화수준과 교양을 은근히 내세우면서 입지를 강조한다. 달리 표현하면, 미국인은 원칙대로 무식하리만치 밀어붙이고, 영국인은 여우처럼 실리를 챙기며, 프랑스인은 점잖은 척하면서도 할 말은 꼭 챙긴다. 이들과는 달리, 독일인은 답답하고 무뚝뚝한 듯하나, 어느덧 유리한 고지를 점한다.

앵글로색슨계 백인들은 모두 환경과 힘의 역학관계를 잘 고려하여 교섭을 전개하며, 이슬람권이나 아시아 지역 비즈니스맨들 이상으로 협상에 능숙하다. 그들은 합리적이며, 경험적이며, 현실적이다. 아예 이기적이기도 하다. 이러한 특성은 배드 딜Bad Deal보다 노딜No Deal을 외치며 브렉시트Brexit를 감행하는 영국, 그러한 행위를 은근히 부추기는 미국, 그리고 그에 맞서는 프랑스와 독일의 모습 등에서 극명히 드러나고 있다. 명리와 전투로 대변되는 앵글로색슨인들의 야수성, 이제 그들의 뿌리에 대해서 논해보겠다.

앵글로색슨, 백인의 대명사?

오늘날 백인이라고 하면 곧 앵글로색슨을, 앵글로색슨이라고 하면 곧 백인을 떠올린다. 백인의 뿌리는 어디에 있는가? 인류학적으로 인간은 백인인 코케이소이드Caucasoid, 황인인 몽골로이드Mongoloid, 흑인인 네그로이드Negroid의 세 가지로 분류된다. 백인 중에서 앵글로색슨은 앵글화된 색슨인Saxon을 의미하며, 색슨인은 독일의 작센Sachen이 본향이다. 백인의 원조에 관해서, 고대에는 코카서스계의 사람Caucasian을 백인으로, 중세에는 색슨족·튜턴족·노르만족을 백인이라고 불렀으며, 근대에 들어서는 아리안족과 앵글로색슨족을 백인으로 지칭하기 시작했다. 미국의 역사학자 넬 어빈 페인터Nell Irvin Painter, 1942~가 쓴 『백인의 역사History of White People』에 의하면, 고대인들은 자신들보다 피부색이 하얀 켈트인이나 스키타이인을 야만인으로 여겼으며, 코카서스 산맥에 거주하는 하얀 피부의 여성을 노예로 데려오기도 했다.

그러면 백인의 우월성은 어디에서 나온 것일까? '백인은 우월한 인종이다'라는 관념은 18세기 독일 학자들에 의해서 비롯되었다. 요한 요하임 빙켈만Johann Joachim Winckelmann, 1717~1768은 백인의 우월성을 고대 그리스인들이 백인이라고 지칭했던 사람들의 육체적 아름다움에서 찾으며, 골상학을 근거로 호응을 얻기도 했다. 백인이 우월하다는 인식은 영국과 독일의 힘이 강해지면서 널리 확대되었다. 토머스 제퍼슨은 미국인은 우월한 백인인 앵글로색슨인의 자손이라 믿었으며, 제45대 대통령으로 선출된 도널드 트럼프는 그러한 점을 노골적으로 강조한다.

앵글로색슨인의 야성과 명리

앵글로색슨인들은 야수적이며 명리에 밝다. 미국인은 미국인대로, 유럽인은 유럽인대로 때로는 잔인할 정도로 밀어붙이며 계산적이다. 미국인은 체면보다 이익을 중시하며, 상대방은 당연히 재량권을 갖고 있다고 생각하면서 즉각적인 양보를 요구한다. 반면, 유럽인은 협상 초기에는 전혀 언급도 하지 않던 내용이나 조건을 협상 중후반에 내놓으면서 갖은 술수를 다해 상대방을 압박하는 데 익숙하다. 그들은 중세 이래 좁은 영토를 둘러싸고 때로는 동맹자로, 때로는 숙적으로 살아왔고, 생존을 위해 신대륙으로 향한 사람들이기에 정글의 맹수처럼 야수적이며 대해의 탐험가처럼 명리적이다.

앵글로색슨인은 '보수'와 '자유'라는 양대 개념의 창시자들이다. 이는 국가경영과 외교의 흐름에서도 잘 드러난다. 필자는 영국 정치사의 거목이자 경쟁자였던 벤자민 디즈렐리Benjamin Disraeli, 1804~1881와 윌리엄 글래드스톤William Ewart Gladstone, 1809~1898의 행로에 대해서 흥미를 갖고 있었는데, 아이러니하게도 가난한 유대인 출신의 디즈렐리는 보수적 제국주의자로서 주로 강경책에 의존했던 반면, 상류 가문 출신의 글래드스톤은 도덕적 자유주의자로서 주로 유화책을 고수하였다. 글래드스톤은 국가 간의 갈등이나 마찰은 여론과 중재에 의해서 해결해야 한다고 믿었으며, 아편전쟁1842에 대해서도 반대했다. 무한경쟁의 시대인 오늘날 국가, 기업, 개인 간의 실리와 명분을 둘러싼 게임에서도 두 사람의 스타일을 잘 원용할 수 있다면, 그는 최고의 협상가가

빅토리아 여왕 시대의 영국 수상을 지낸 두 거인, 벤자민 디즈렐리(Benjamin Disraeli, 1804~1881)와 윌리엄 글래드스톤(William Ewart Gladstone, 1809~1898) '겉멋부리는 벤자민'과 '만인의 윌리엄'이라고 불리던 두 사람은 보수적 귀족의 강경책과 위대한 평민의 유화책을 각각 상징하는 협상의 달인들이다.

될 수 있지 않을까 생각한다.

앵글로색슨의 야수성과 명리성은 본받을 만하다. 그들은 행동지향적이되, 예측과 확실성을 근거로 움직이며, 총론적인 협의나 정서적 의견 개진에 별로 의미를 부여하지 않는다. 그들과의 협상에서 대립이나 이해의 상충은 기본이며, 만약 그것들이 없다면 협상의 필요성조차 없다고 해도 과언이 아니다. 앵글로색슨인들과의 협상 시에는 그들의 접근을 "좋다, 나쁘다", "화끈하다, 치사하다"와 같은 잣대에 의해서 바라보기보다는 그것은 '정당한 싸움의 표시'이자 '영향력의 행사'라는 생각에서 대응하는 것이 바람직하다. 격동의 시대에 구미지역의 비즈니스맨들은 우리의 중요한 파트너들이다. 그들과의 협상 시에는 코케이지언Caucasian적 야성과 명리를 염두에 두고 대응해야 한다.

러시아인,
보드카의 낭만과 자긍심

노보쿠즈네츠크Novokuznetsk의 아침 공기는 차가웠다. 시베리아 케멜로보주 소재 N사와의 비즈니스를 개척하고자 그곳을 방문 중이던 필자는 이틀간의 상담과 연일 마신 보드카의 탓으로 거의 탈진 상태에 이르렀다. 상사맨으로서의 삶이 늘 그러했듯, 최종 순간까지의 성과가 불투명한 가운데 마지막 미팅에 참석하니, 테이블 위에는 여전히 보드카가 놓여 있었다. 곧이어 미팅이 시작되자, 철학교수 출신이라던 러시아인 통역은 여비서가 속풀이 하라고 가져다준 찻잔 속에 보드카를 부어 넣었고, 필자는 무언의 압박 속에 울렁거리는 뱃속을 달래며 뜨거운 찻잔을 두 손에 받쳐 들고 마셔 버렸다. 곧이어 협상은 성공적으로 마무리되었고, 어느새 깔끔한 계약서가 작성되어 눈앞에 놓였다. 그들은 "오친 하라쇼Оченьхорошо!"라고 말하면서 필자를 얼싸안았다.

폐쇄성과 개방성, 긍지와 자부심

필자는 러시아인의 기질을 좋아한다. 광활하고 추운 땅에서 펼쳐진 지배와 굴종의 역사 속에서 형성된 그들의 독특한 기질은 폐쇄성과 개방성을 겸하고 있으며, 그것은 러시아적인 모든 것에 대한 집착과 호방함으로 드러난다. 러시아인의 문화적 긍지와 자부심은 거장들의 서정적인 음악과 불후의 명작들로 대변되며, 그 우수성은 서구인들의 그것들을 저리 가라고 할 정도이다. 러시아인의 협상 스타일 또한 특별하며, 상담의 초두를 장식하는 화려한 언사와 보드카의 낭만은 영원한 파트너십을 다짐케 하기도 한다.

러시아는 다인종, 다민족의 나라이다. 몽골리안의 역사 또한 그 속에 등장한다. 러시아의 역사에는 슬라브적 요소와 게르만적 요소가 뒤섞여 있으며, 공국公國의 시조는 '바랴그'라고 불리던 스웨덴계 바이킹이다. 14세기 이래 러시아를 지배해 온 로마노프왕조는 프로이센의 귀족 출신들이 주도했으며, 게르만계 귀족과 상인들의 이주는 러시아인들의 문화와 비즈니스 세계의 폭을 넓혀주었다. 독일계 유대인을 지칭하는 아슈케나지Ashkenazi는 그들 중의 일부이다. 러시아인들은 모스크바를 '제3의 로마'로 여기고, 황제를 차르Czar라고 칭하기도 했는데, 이는 그들 특유의 자존심과 오만함에서 나온 것이다.

러시아 비즈니스맨들은 쟁의와 협상의 달인들이다. 러시아인들이 국부이자 성인으로 여기는 알렉산더 네브스키Alexander Nebsky, 1221~1263는 게르만과 몽골리안의 위협을 오히려 좋은 관계로 진전시킬 만큼 전투와 교제의 달인이었으며, 제국의 귀족과 상인들은 비잔틴제국 및 한자동맹과의 교역에서 끈질긴 협상 능력을 과시했다. 필자가 만난 러시아 기업인들 역시 전투적인 기질과 친화력을 겸비하고 있었다. 그것은 서구인들의 비하 속에 동쪽의 추운 나라 사람東歐人들로 불리던 열등감을 넘어 자긍심으로 가득 찬 대국인의 모습이었다.

알렉산더 네브스키(A.D.1221~1263)
게르만과 몽고 사이에서의 줄다리기 협상으로 유명한 러시아의 국부이자 영웅이다.

극단과 경직의 정수

러시아인의 협상 스타일 하면 우선 떠오르는 것이 '소비에트식 협상'이다. 소비에트식 협상이란 미국과 구소련을 축으로 하는 냉전 시대에 러시아인들이 구사하던 협상 스타일을 말하는 것인데, 이는 경쟁적 협상이자, 극단적인 자기중심적 협상 스타일이라고 할 수 있다. 소비에트식 협상은 마치 소시지를 잘라주듯이 양보에 인색하며, 상대방의 양보를 굴종과 약함의 표시로 받아들이려고 한다. 소비에트식 협상은 합리보다 감정에 기우는 성향이 강하며, 원칙과 데드라인Deadline을 무시하기도 한다. 소비에트식 협상의 주특기는 극단성과 경직성이다. 때로는 과장성이 넘치기도 한다.

러시아인의 협상 스타일은 특유의 뚝심에서 드러난다. 흔히 말하는 '루스키' 기질이다. 러시아인은 상대가 협상 테이블에서 자리를 박차고 나가지 않으면 아직 양보를 얻을 여지가 충분한 것으로 여긴다. 그들은 무한대의 인내심을 강요하며, 종국에는 최대한의 양보를 얻어내고 만다. 러시아인은 영악하기도 하다. 그들은 상대방이 흉금 없이 속내를 털어놓더라도 그것을 오히려 협상의 새로운 근거나 약점으로 삼아 또 다른 양보를 요구하려고 한다. 러시아인에게 협상의 조기 종료를 위한 타협 의사를 타진하는 것은 협상 포지션이 약하다는 것을 알려줌과 동시에 기꺼이 양보하겠다는 의미가 된다.

러시아적 협상과 파트너십

러시아인의 소비에트식 협상은 아직도 유효한가? 러시아인의 폐쇄성과 개방성을 감안하면, 그에 대한 답은 예스Yes와 노No의 합이다. 하지만 러시아인들은 자신들만의 게임의 룰을 고수하려는 성향이 강하다. 러시아적인 것에 대한 자부심으로 뭉친 러시아 비즈니스맨에게 글로벌 스탠더드나 서구적 비즈니스 관행은 협상의 조건으로 적합하지 않을 수 있다. 필자는 러시아 전역에 소재한 철강기업들과의 협상에서 그러한 점을 체험할 수 있었으며, 많은 경우 현지인 에이전트를 통한 사전 조율로써 실력자들과의 협상에 대비했다.

러시아인들은 계약서도 기막히게 잘 쓴다. 하지만 그들은 법규보다 사고의 유연성에 더욱 의존하는 성향을 가진바, 오직 계약서만 믿다가는 낭패를 볼 수도 있다. 러시아 비즈니스맨에게 계약서는 협상의 종료를 의미하는 것이 아니라 잠정적인 비즈니스 관계를 유지한다는 징표에 불과하다. 그들은 계약서의 서명 단계에서도 새로운 조건을 내세우거나 억지를 부리기도 한다. 러시아 비즈니스에서 막후 실력자Siloviki와의 인맥 구축이 중요한 이유는 바로 거기에 있으며, 그들의 위상은 협상 결과를 좌우한다.

러시아 비즈니스에서 인간관계와 성과는 따로 움직이는 경우가 많다. 러시아인에게 균형과 조화는 일시적인 현상이며, 파트너십에 대한 철학도 그와 유사하다. 러시아인의 그러한 성향은 투쟁과 대립이 정상일 정도의 삶을 영위해 온 탓인지 모른다. 러시아인 특유의 협상 스타일은 오랫동안 이어져 왔으며, 냉전시대의 막가파식 협상 스타일에서도 유용한 점을 발견할 수 있다. 지금은 글로벌 스탠더드, 법규, 인맥 모두 중요한 시대이다. 초경쟁 글로벌 시대에 보드카의 낭만은 사라졌는지도 모른다. 러시아인의 러시아적 특성을 이해하지 못하면 그들과의 성공적인 협상과 견고한 파트너십을 기대할 수 없다.

중국인,
하늘에 구멍을 내려는 욕망과 허세

"중국인은 매우 이중적이다.
그들은 강직한 듯 부드럽고, 솔직한 듯 속물 같은 데가 있으며,
의심이 많으면서 쉽게 믿기도 하고, 고지식하면서도 융통성이 있으며,
실리를 추구하면서 정의감에 불타기도 하고, 예의를 따지면서 공중도덕은 소홀히 하며,
근검절약을 강조하면서 겉치레를 좋아하고, 그럭저럭 만족하면서도 일확천금을 꿈꾸며,
남의 흠을 들추기를 좋아하면서 원만하게 수습을 잘한다."

중국의 역사학자 이중톈易中天의 『중국인을 말하다』에 나오는 문구이다. 중국인들은 벗기고 또 벗겨도 그 속을 알기 어렵고, 그들의 사고방식은 원칙과 합리를 중시하는 서구인의 그것과 확연히 다르다. 중국의 변화는 놀라우나, 그들의 진면모를 이해하기는 정말 어렵다.

언어와 계책의 달인들

중국은 상인의 나라이다. 혹자는 상인종商人種의 나라라고도 말한다. 상인이라는 말은 은나라殷의 원래 이름인 상나라商, B.C.1600~1046에서 유래하는데, 상나라의 멸망 이후 사람들은 온 천지를 돌아다니며 상인 노릇을 했다. 그들은

돈을 벌기 위해서 갖은 고초를 겪었고, 온갖 언어와 계책을 동원했다. 천언만어千言萬語에 천방백계千方百計라고 하듯, 중국상인은 정말 말을 잘하고 계책도 뛰어나다. 지난 30여 년 동안 지구의 성장을 이끌다시피 한 중국인들은 '트럼피즘Trumpism'의 파장 속에서 새로운 무대를 그리는 구미 협상가들을 마음대로 다룰 수 있을까?

21세기 초엽, 세계시장에서 중국의 위상과 역할은 엄청나게 강화되었다. 때문에 그들과의 비즈니스에서 성공하려면 그들의 특성에 대해 올바르게 알아야 한다. 중국 비즈니스맨들의 공통된 특징을 결정짓는 단어는 신용, 명분, 체면이다. 그들은 이해득실에도 철저하다. "돈만 있으면 귀신에게도 맷돌을 돌리게 할 수 있다有錢能使鬼推磨"라는 그들의 말은 '돈'과 '이해득실'에 대한 그들의 사고를 잘 엿보여 준다. 돈은 패권을 위한 투쟁과 이합집산의 역사 속에서 그들의 신앙이었다. 그들의 욕망과 허세는 하늘에 닿을 정도이다.

중국상인, 대표 선수들

중국상인 중에는 절강상인, 광동상인, 산서상인, 휘주상인 등이 있는데, 흔히 이들을 중국의 '4대 상인'이라 부른다. 한 마디로 중국의 대표급 상인들이며 그들의 흥정하고 타협하는 방법은 각양각색이다.

우선 절강상인의 예를 들어 보자. 절강상인들은 달콤한 화술과 임기응변에 능숙하다. 원래 중국인들은 상담이 시작되면 최고의 화려한 언사를 던지지만, 그들은 그 이상이다. 절강상인들은 기회 포착에 능숙하며, 부족한 여건에서도 기필코 이익을 쟁취한다. 그들은 높은 효율과 빠른 회전을 추구하는 성향이 강하지만, 신중할 때에는 아주 신중하다. 절강지역에 속하는 상해상인의 특징을 설명하는 정精과 작作이라는 두 글자가 있는데, 정精은 고단수, 꾀돌이, 요물과 같은 의미이며, 작作은 꿈틀거림, 애교, 프로 의식을 가리킨다.

절강상인 중 온주상인은 중국의 유대인이라고 불릴 정도로 사업에 관한 한 천부적인 기질을 타고났다. 그들의 뛰어난 비즈니스 감각과 능란한 사교술은 유대상인 뺨칠 정도이다. 그들의 웃음 뒤에 감춰진 담대한 배짱은 숨겨진 칼과 같다. 그들은 다른 사람의 시선이나 갈등을 두려워하지 않으며, 더 이상 잃을 것이 없거나 불리한 상황에서도 감정보다 실리를 계산하는 것이 몸에 배어있다. 그들은 유리하면 세게 나오지만, 불리하면 실권이 없다고 오리발을 내민다. 그들은 없는 척, 있는 척, 약한 척, 강한 척을 다 한다. 온주상인과 거래할 때에는 장사 수완이나 돈 자랑은 금물이며, 허를 찌르는 그들의 수작에 말려들지 말아야 한다. 그들은 '가장 좋은 것을 추구하지 않고, 다만 가장 적합한 것을 찾는다不求最好, 只求最配'는 타협의 귀재들이다.

범려(范蠡, B.C.517~?)
춘추시대 월나라의 정치가, 와신상담, 토사구팽 등의 고사성어를 회자케 한 책략과 협상의 귀재이자, 상신(商神)으로 추앙받는 사업가이다.

광동상인은 오직 상인 그 자체인 사람들이다. 광동상인의 특징은 개척과 모험정신이다. 그들은 자존심이 강하지만, 외지인이면 누구나 고객처럼 대하고 일단 한번 맺은 관계는 진취적으로 발전시키려고 한다. 광동상인은 중

원에서 환란을 겪은 이주인들의 후예이기에, 혈연·지연·연대감을 중시한다. 전 세계 화교 인구의 70% 이상을 차지하는 그들의 위세는 "태양은 영원히 광동인들에게 비춘다太陽永遠普照着粵人社會"라고 표현될 정도이다.

광동상인에는 조주방潮州幇, 광주방廣州幇, 객가방客家幇 등 세 그룹이 있는데, 특히 동남아, 홍콩, 마카오 지역을 장악한 조주방 상인들은 유연한 듯하면서 실속을 차리는 흥정에 능하다. 광동상인은 협상에 임할 때 "우리에게 신이 있다면 그것은 곧 돈이다."라고 말할 정도로 강한 성취욕을 갖고 있다. 그들은 돈을 위해서라면 하늘에 구멍까지도 낼 수 있는 사람들이다.

산서상인은 원래 소금무역의 강자로서, 중국 최고의 상인 반열에 있었다. 그들은 중국 최초의 은행을 만들 정도로 앞서가고, 매사에 안목이 높다. 휘주상인은 남송1127~1279 시절 주자학의 본거지 출신답게, 문화와 학문을 중시하는 선비 같은 성향을 갖고 있다. 복건상인은 과거 밀무역의 선수들로서, 해적 같은 강한 기질이 있다. 동남아 지역의 화교 중에는 복건상인 출신이 많다. 닝보상인은 해산물, 의류, 보험업에서 두드러졌으며, 뒤늦게 부상하였으나 약삭빠르고 강하다. 산둥상인은 뛰어난 상술보다는 성실성을 무기로 하며, 상도의를 중시한다. 산둥은 공자의 출생지이고, 산둥인은 한국인과 기질이 유사하다. 필자는 과거 산둥성 정부 및 산둥상인들과 협상을 많이 진행했었는데, 그들은 아주 예의 바르고 남다른 배포가 있었다.

선소인 후군자

중국인들의 배포에 혹시 걸림돌은 없을까? 그에 대한 답 또한 산둥성 정부와 협상을 진행하던 시절의 이야기 속에 있다. 중국 내 합작법인 설립 시 산업용 부지의 분양은 출양出壤이라는 형식을 취하는데, 그 부지들은 원래 개인의 소유였던 것을 국유지로 전환한 것이다. 필자는 과거 한 인도네시아 기업과의 거래 대금 담보설정 과정에서 부지의 소유권이 불분명하거나 미등록된 것을 발견한 적이 있었다. 그러한 경험에 의거, 산둥성 합작 건의 경우에도 관련 부지에 관한 문서들을 조사해보았더니, 그 부지의 일부는 한때 공동묘지 자리였고 성정부의 수용 절차도 완료되지 않은 상태에 있음을 확인할 수 있었다. 그것은 사실상 사기와 다를 바가 없었다.

중국인들과 협상을 할 때는 '선소인 후군자先小人 后君子'의 자세로 임해야 한다. 소인배처럼 작은 것까지도 신경 쓰다가, 군자처럼 통 크게 임해야 한다는 말이다. 그들은 얼렁뚱땅하는 기질이 있어서 세세한 내용까지 파고들지 않으면 나중에 딴소리를 하기도 한다. 특히 계약 체결의 마지막 단계에 이르러서는 중요한 쟁점을 나중에 합의하기로 미루려는 유혹에 넘어가지 말아야 하며, 표기되는 용어의 의미에 대해서도 유의해야 한다. 예를 들면, 협의協議는 논의가 아닌 합의合意를, 접수接受는 수령이 아닌 동의同意를 의미한다는 점 등이다. 중국 기업인들과의 협상은 세세한 국면에서 대타협의 단계에 이르기까지 주도면밀해야 한다.

'만만디', 천천히 대신 똑바로!

중국인들과의 협상에서 특히 유의할 점은 그들의 '만만디慢慢地' 정신이다. '만만디'하면 그들의 게으름과 나태함을 먼저 떠올리게 된다. 헌데 이는 정말 잘못된 관념이다. 이는 일본이 청일전쟁과 만주사변을 일으키면서 중국인을 폄하하기 위해서 퍼트린 개념일 뿐이다. '만만디'의 '만'은 '천천히', '느릿느릿', '차츰차츰'으로 이해할 수도 있지만, 중국인들의 '만'은 본시 한국어의 '잘'에 해당하는 말로서, '아무 탈 없이 목적이 잘 이루어지기를 소망한다'라는 의미를 갖고 있다. '만저우慢走'는 '천천히 가세요'가 아닌 '잘 가세요'이고, '만츠慢吃'와 '만융慢用'은 '천천히 잡수세요'가 아닌 '잘 잡수세요', 즉 '많이 잡수세요'라는 의미이다.

중국인들은 누군가가 다칠 위험에 처하거나 정상에서 벗어날 가능성에 놓여있을 때에도 어김없이 '만디얼慢点儿'이라 한다. 그들은 일을 빨리빨리하려다 보면 잘 이루어지기보다는 도중에 사고가 날 가능성이 많은 것을 알기 때문에 늘 '만'자가 습관화되어 있다. 그들의 '만만디'정신은 결국 어떤 일에서든지 '결과'가 중요하지만, '과정' 또한 중시해야 한다는 점을 함축적으로 나타내는 것이기도 하다. 다음은 '만만디'정신을 잘 보여주는 예화이다.

옛날 어느 유명 화가가 게 그림 한 장을 멋지게 그려 달라는 황제의 요청을 받았다. 그 화가는 황제에게 열두 명의 시종, 집 한 채, 5년의 시간을 요구하였고 황제는 기꺼이 그 요구를 들어주었다. 하지만 그는 5년이 다 되어도 그림 그리기를 시작하기는커녕, 5년의 시간을 더 달라고 요구했다. 화가는 10년이 거의 다 될 무렵에야 붓을 들어 단숨에 완벽한 게의 모습을 그렸다는 이야기이다. 중국상인들은 절대로 조급한 모습을 보이지 않으며, 그들의 전술적 페이스에 말려들어서 조바심을 보이거나 선택의 여지가 없게 비춰지면 결국 그들의 요구를 들어줄 수밖에 없게 된다.

중국 비즈니스맨들은 협상을 '종결 없는 지속적인 거래'로 여긴다. 그들과의 협상에서는 주고받는 대화 속에서 사용되는 단어의 의미와 더불어, 그것이 미세한 국면을 가리키는 것인지, 대타협의 단계에 이르고자 하는 것인지, 그 의미를 잘 알고 대처해야 한다. 그들은 디테일보다는 위신을 살려주면서 마무리하는 것을 좋아한다. 중국의 3대 IT기업을 칭하는 비에이티B.A.T, 즉 바이두Baidu, 알리바바Alibaba, 텐센트Tencent 등에서 보듯 중국인들의 부상과 추월은 거부할 수 없는 현실이다. 이제 그들과의 협상 시에는 '만만디' 가운데 숨어있는 위험의 눈을 냉철히 바라보며, 상황에 따라 지혜로운 소인이 되거나 진정한 군자의 길을 택할 수 있어야 한다.

인도인,
늑대의 발목을 잡는 여유와 능청

상사맨 시절 중동의 두바이에서 한 인도인 중개상과 상담을 하던 중, 그가 너무도 어처구니없이 가격을 깎아내리려는 바람에 곤욕을 치른 적이 있다. 헌데 그의 옆에서 이러한 광경을 흐뭇한 표정으로 쳐다보고 있는 사람이 있었는데, 나중에 알고 보니 그는 바로 그 중개상의 부친이었다. 인도 서북부 해안 구자라트 지역 출신인 그들은 대대로 가업을 이어온 상인 가문의 일원으로서 사업은 자신들에게 부여된 책무이자 가문의 전통이며, 거래를 통한 이윤 획득만이 그들의 인생의 전부라고 말했다. 그들의 표정에는 상황의 흐름을 재빠르게 포착하는 여유와 능청으로 가득 차 있었다. 그들은 머나먼 바닷길을 건너 뜨거운 모래바람 속에서도 단련된 장사꾼 중의 장사꾼들이었다.

인도상인, 역사가 말해준다

인도상인은 고대부터 중개무역에 능했다. 기원전 6세기경부터 동서양의 무역로를 오가며 비즈니스 세계에 몸담았던 그들은 페르시아를 비롯한 중동 지역의 상권을 좌지우지했으며, 유럽, 아시아, 아프리카에서도 뿌리를 내렸다. 그들은 영국이 검은 대륙에 철도를 놓을 때마다 다양한 비즈니스를 벌였으며, 케냐, 우간다, 탄자니아 등지에서도 상권을 장악했다. 타지마할에 있는 왕비의 대리석관 속에 박힌 루비는 무굴제국A.D. 16C~19C의 상인들이 호주에서 가져온 것이다. 오늘날 인도 기업인들의 '상인 DNA'는 세계적 반열의 거상으로서, 유수한 글로벌 기업의 최고경영자로서, 실리콘 밸리의 앞서가는 리더로서의 위치를 점하는 데 기여하고 있다.

인도 기업인들의 이러한 입지를 뒷받침하는 것은 그들 특유의 상인 기질과 협상력이다. 인도 비즈니스맨들은 먼지를 만져도 황금으로 둔갑시킬 수 있다는 말이 있을 정도로 집요하고 끈질기며, 그들의 승부사적인 흥정과 타

무굴제국의 악바르 대제(Akbar the Great, 1542~1605), 정복지 토착 세력과의 화합을 추구했던 황제의 모습은 위대한 리더이자 탁월한 협상가로서의 면모를 가르쳐 준다.

협 능력은 새로운 시장과 파트너를 확보하고, 막대한 자본의 확충에 기여했다. 인도 20대 기업 중 10개를 배출한 서북부 라자스탄 지역 출신의 마르와리 상인, 전 세계 이주 인도인의 33%를 차지하는 서남부 연안 지역 출신의 구자라트 상인, 인도 최대 기업 타타그룹을 일으킨 페르시아 이주민 후예 출신 파르시 상인, 그리고 흰색 터번과 수염을 흩날리는 시크교도인 펀자브 상인 등, 인도상인들의 다양한 면모는 역사가 말해준다.

비논리 속의 논리, 언어와 수리 능력

인도상인하면 떠오르는 말이 있다. 그들은 여유와 변명에 능숙하며, 억지와 능청에 관한 한 지구상에서 당할 자가 없다. 그들의 교섭 방법은 마치 여우가 늑대의 발목을 잡고 있는 것처럼 교묘하고 끈질기다. 인도상인은 서두름이라곤 없으며, 유리한 상황에서는 답답함을 느끼게 만들고, 불리한 상황에서는 반전이 가능할 때까지 버틴다. 비논리 속의 논리를 구가하는 그들의 행태는 물질과 정신을 흑백 논리로써 구별하지 않는 고집, 목적과 수단을 넘나드는 이중성, 그리고 넓은 영토와 시간의 무한성에 대한 의식 등에서 나오는 것으로 여겨진다. 그들은 상인이자, 이론가이자, 명상가이다.

인도상인들은 뛰어난 언어와 수리 능력을 갖고 있다. 그들에게 언어는 제2의 영혼이며, 그들의 짧은 혀에 담긴 청산유수 같은 언변은 모든 형태의 자유를 구가하는 '복잡성의 문화'와 구전口傳으로만 전해 온 '베다Veda 암송 능력'의 산물이다. 19단을 외우는 인도상인들의 수리 능력은 정교한 수학과 계량경영학의 대가들, 그리고 IT기업의 탁월한 경영자들을 낳았으며, 기상천

외한 비즈니스 모델의 원천이 되기도 한다. 인도상인의 언어와 수리 능력은 비논리와 핑계를 당연한 무기로 삼으며, 때로는 말도 안 되는 주장과 변명을 합리화하게 만든다. 그들은 무엇이든 먼저 요구하는 성향이 강하며, 버틸 만큼 버티다가 반드시 양보를 얻어내려고 한다.

서구식 사고와 인도식 행동

인도 기업인들은 서구식으로 생각하며 인도식으로 행동한다. 그들은 영미권의 사고방식과 고유문화 간의 접목 능력이 뛰어나며, 여우같이 판단하고 야수처럼 행동한다. 그들 중에는 고성古城의 귀족처럼 기품 있는 사람도 있고, 춤추는 코브라처럼 기묘한 사람도 있다. 인도 기업인들의 비즈니스 스타일에 대해서는 다양한 평가와 해석이 있으나, 계약과 신용에 대한 그들의 행태는 부정적인 경우가 많다. 인도인들은 배신과 변명의 귀재들이라는 말도 있는데, 이는 "복종은 내면으로 받아들인 것이 아니므로, 배신도 배신이 아니다."라는 생각 때문이다. 인도인들의 비즈니스 세계에서는 생존이 명예보다 중요하며, 굴종과 배신은 그들의 정서에 큰 영향을 미치지 않는 듯하다.

인도 비즈니스맨들이 상도의가 없는 것은 거의 전통 수준이다. 그들은 장사꾼이 눈앞의 이익을 보고 거짓말을 하거나 계약을 깨는 것은 나쁜 행동이 아니라고 생각하며, 계약서나 신용장L/C에 애매한 문구를 슬며시 삽입하여 덫을 놓기도 한다. 인도상인들의 이러한 성향은 특유의 신분제도인 '카스트'의 영향 때문인 듯하다. 인도에서 상인들은 원래 세 번째 낮은 계급인 '바이샤'에 속하는데, 그들에게 가장 중요한 것은 오직 돈이며, 돈 앞에서는 윤리

인도의 알리바바로 불리는 플립카트(FlipCart)의 공동창업자 사친 반살과 비니 반살, 무일푼으로 창업 후 10년만에 온라인쇼핑몰 왕국을 이룬 마르와리 상인의 후예들이다. 최근 마이크로소프트, 텐센트, 이베이 등으로 부터 14억 달러의 투자를 유치하였다(2017).

와 도덕은커녕, 게임의 룰도 중요하지 않다. 인도상인의 그러한 성향은 카스트 제도에 반기를 든 자이나교B.C. 6C의 '정직과 신뢰' 정신이나 글로벌 스탠더드를 표방하는 선두기업들의 모습으로 변모한 면도 없지 않다.

"마르와리는 자신의 말과 밥飯을 위해서 목숨도 내놓을 것이다Marwari baat aur bhaat ke liye jaan bhi dega." 인도상인의 진취성을 드러내는 말이다. 인도 비즈니스맨들은 글로벌 무대의 어디든지 달려가며, 어디서든지 두각을 나타낸다. 그들은 IT, 금융, 자원, 미디어, 문화의 모든 영역에서 파트너, 경쟁자, 상사, 동료로서 마주해야 할 상대들이다. 그들은 저무는 왕국의 장사꾼이 아닌, 뛰어난 혁신성과 전문성으로 무장한 사업가들이자, 우정과 맹독을 동시에 품는 협상의 상대자들이다. 격변의 시대에 노련한 협상가가 되려면, 그들 한 사람

한 사람이 구사하는 흥정과 타협의 기술을 숙지하면서, 어떠한 협상 국면에 처하더라도 위축되지 말아야 한다.

유대인,
샤일록과 천사의 두 얼굴

미국 걸프시장 최고의 유통상 N사의 A사장이라는 사람이 있었다. 미국 현지법인 근무시절 필자는 N사와의 거래를 위해서 A사장과 몇 번의 독대를 했지만 매번 협상이 수월치 않았다. 그는 숟가락 한 개만 들고 이민을 와서 성공한 폴란드계 유대상인답게 특유의 논리와 지독함을 드러내곤 했으며, 수십 년에 걸쳐 부를 이룬 그의 행적은 그의 사무실 벽에 걸린 사진들이 상세히 설명해 주고 있었다. 그는 매 상담 후 그의 사무실을 떠날 때마다 "미스터 리, 만약 당신의 고객이 조금이라도 이득을 취하지 못하면, 그는 절대로 당신을 찾지 않을 것이다."라고 뒤통수를 때리듯 말했다. 노련한 상술과 집요한 교섭력을 가진 그의 언행은 까칠하기 그지없었지만, 그가 원하는 것만큼은 분명했다.

유대상인, 원하는 것이 분명함

유대상인들은 협상에 능하다. 이해득실에 대한 계산도 엄청나게 빠르다.

전 세계 금융시장에서 막강한 영향력을 가지고 있는 그들의 힘의 원천은 무엇일까? 그것은 그들의 원초적 본능이라고 할 수 있는 '사브라Sabra 정신'과 어린 시절부터 몸에 밴 '하브루타Havruta'이다. 사브라는 완벽한 잡초근성을 의미하며, 하브루타는 3,500년을 이어 내려온 '짝을 지어서 질문하고, 논쟁하는 교육'을 가리킨다. 유대계 중에서 거상이나 고액 연봉의 CEO들이 많은 이유는 어릴 적부터 '하브루타'를 통해서 깨우친 까다롭고 복잡한 율법과 정치, 경제, 문화 등 다양한 이슈에 대한 토론과 협상 능력 때문이다. 그들은 원하는 것이 분명하고, 아무리 강한 상대일지라도 명쾌한 논리로 제압한다.

유대인들은 지독하다. 돈에 대한 그들의 철학은 경탄을 금하기가 어렵다. 그들은 돈은 악도 저주도 아니며, 인간을 축복해주는 고마운 것이라고 생각한다. 그들은 큰 돈, 작은 돈, 깨끗한 돈, 더러운 돈 가리지 않는다. 필자는 미국 연수 중 한 유대인 가정에서 홈스테이를 한 적이 있었는데, 젊은 시절 사업가였던 그의 부인은 주방 테이블 위에 온갖 종류의 할인 쿠폰을 산더미처럼 쌓아 놓고 있었다. 좋게 말하면 근검절약이지만 그들의 지독함은 전율을 느끼게 할 정도였다. 오죽하면 셰익스피어는 그의 희곡 『베니스의 상인』에서 유대인 고리 대금업자 샤일록을 교활하고 잔인한 수전노로 묘사했을까? 샤일록은 베니스의 젊은 상인 안토니오가 구혼하러 가기 위한 여비를 빌릴 때, 만약 갚지 못하면 가슴살 1파운드를 베어 갖는 조건을 내세웠다. 물론 그러한 묘사는 희극의 흥미 속에 반유대인 정서를 섞은 것이지만, 유대상인이 얼마나 지독하게 흥정하고 타협하는지를 시사하기에 충분하다.

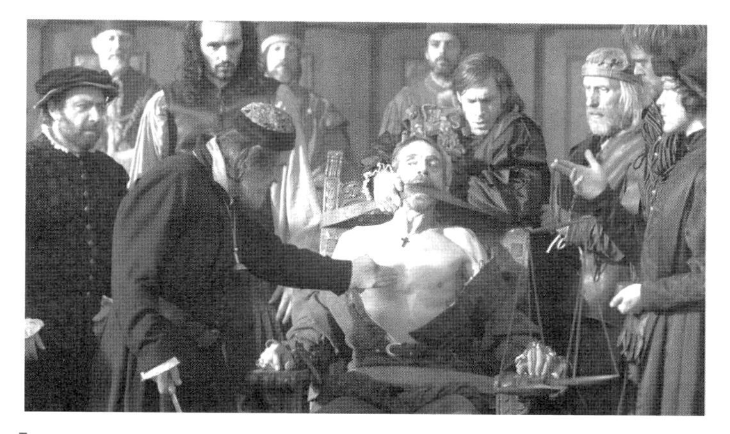

세익스피어(William Shakespeare, 1564~1616)의 작품 『베니스의 상인』
안토니오의 가슴살 1파운드를 떼어달라고 요구하는 샤일록의 모습은 다소 희화적이나 유대상인의 특징을 잘 가리켜 준다.

계약과 신용의 화신

유대인은 계약에 능하다. 그들은 모든 계약을 신과의 약속이라고 믿으며, 완벽하리만큼 철저히 계약서를 작성한다. 유대계 변호사라면 더 말할 나위가 없다. 그들의 유전인자라고까지 할 수 있는 '하브루타'로부터 단련된 리걸 마인드Legal Mind와 비즈니스 마인드Business Mind는 멋진 조화를 이루며, 완벽한 계약서를 탄생시킨다. 그들은 계약서 작성 시 웬만한 논리에는 바로 대응하지 않으며, 쉽사리 양보하는 법도 없다. 그들은 어려움을 겪었을 때의 계약서를 보물처럼 여기며, 사무실 벽에 걸어두기도 한다.

유대인들의 신용에 대한 집착은 신앙적이다. 유대상인들은 함부로 약속을 하지 않으며, 『탈무드』에서는 어린이와의 약속도 분명히 지킬 것을 강조한다. 『탈무드』에는 7년마다 빌려준 돈의 일부를 탕감해주고 빈자에게는 베풀라는 이야기도 있는데, 그것은 빌린 돈은 7년 이내에는 반드시 갚아야 하며 그렇지 않으면 공동체에서 추방될 수 있음을 의미하는 것이다. 신용은 그들에게 광대한 지역에 퍼져있는 파트너십을 유지하기 위한 최고의 수단이자, 유랑생활 중의 불안정을 극복하기 위한 최후의 무기였다. 오늘날 백화점의 '가격 정찰제'는 의심과 속임수를 경계하는 그들의 발명품이기도 하다.

시장민감성과 정보마인드

유대인들은 시장에 민감하다. 그들에게는 온 세상이 장사거리이며, 달빛도 내려받으면 돈이 된다. 그들은 시장 내의 모든 정보와 행동을 주시함과 동시에 모든 성과의 실마리가 어디에 있는지를 완벽히 포착한다. 유대인 기업들이 두각을 나타냈던 이유 중의 하나는 여성들이 사용하는 모든 것과 사람들의 입에 들어가는 모든 것에 촉각을 세우고, 그 속에 잠재된 무한한 가치 창출의 실마리를 보았기 때문이다. 그들은 여성은 남성의 주머니를 장악하는 소비의 주체라는 점, 그리고 사람들은 온갖 음식과 먹거리를 즐기지 않고서는 살 수 없다는 점에 촉각을 세우고, 그에 맞는 가치 창출에 총력을 기울임으로써 오늘의 거대 기업들을 이루었다.

유대상인들은 정보마인드가 매우 강하다. 그들은 원래 민족 자체를 하나의 대가족으로 생각하기 때문에 서로 간의 비즈니스에 관한 이야기나 정보교류가 몸에 배어 있다. 정보는 유랑생활 중에 어디로 가서 무엇을 어떻게 해야 할지를 판단하고, 원거리의 고객이나 파트너와의 관계를 유지하기 위한 필살의 무기였다. 예를 들면, 베니스의 유대상인들은 수년간 객지를 떠돌면서도 정확한 정보망을 유지하고 있었으며, 유대 금융재벌의 대명사인 로스차일드Rothchild 가문의 정보력은 나폴레옹의 워털루 전투Battle of Waterloo, 1815 패배 소식을 가장 먼저 들을 정도였다. 오늘날 이스라엘의 정보기관MOSSAD이 세계 최고의 정보력을 가진 것도 결코 우연은 아니다.

유대인의 협상력은 놀랍다. 그들은 전 세계 금융의 지배자에서 강소기업과 벤처 왕국의 건설자로서, 실리콘 밸리와 할리우드의 승부사로서 변신을 거듭하며 막강한 힘을 발휘하고 있다. 비록 반유대 정서라는 복병이 있지만, 그들의 지배력과 행동반경은 놀라울 정도이며, 그 바탕에는 그들 특유의 잡초근성과 협상능력이라는 단단한 무기가 버티고 있다. 무릇 삶과 비즈니스에서의 승부란 재능과 감각 위에 존재하는 행동력에 달려있음을 간과할 수 없다. 격변의 시대에 철두철미함과 근성을 최대의 특권으로 여기는 유대인들의 상인정신과 협상력은 가히 귀감이 될 만하다.

이슬람인,
신의 뜻을 앞세우는 형제애와 경계심

천년 고도 한구석에 있는 그랜드 바자Grand Bazzar의 모습은 마치 여러 개의 미로를 이어놓은 것 같았다. 회교혁명1980의 여파 속에서 과거의 위세를 잃은 듯한 상인들의 모습은 생각과는 달리 활발해 보였고, 필자의 귀에는 어느새 알버트 케텔비Albert William Ketelbey, 1875~1959의 '페르시아의 시장에서'라는 음악의 선율이 들려오는 듯했다. 세상은 넓고 사연은 많듯이, 대제국의 역사를 간직한 페르시아상인들의 표정 속에는 많은 이야기가 숨겨져 있는 듯했고, 앞으로 펼쳐질 파트너들과의 협상에 대한 기대와 그들의 진면모에 대한 궁금증은 커졌다. 그들은 아리안의 유전자에 이슬람의 기질이 가미되어 있음을 증명하듯, 과장과 허세, 형제애와 경계심을 모두 갖고 있었다. 그들과의 비즈니스 과정1990년대에서 겪은 일들은 신화처럼 아련히 기억 속에 맴돌고 있다.

포용과 개방성, 형제애와 경계심

이슬람상인하면 얼핏 사막의 대상이나 아라비아인을 떠올린다. "무역을 통해서 신의 은총을 찾고, 긴 여행을 하라"는 코란의 지침은 이슬람교의 창시자 마호메트A.D.?~632의 본향인 아라비아 등 이슬람 전역을 지배했다. 이슬람상인 중에는 이집트상인, 페르시아상인, 튀르크상인, 아라비아상인, 무굴상인, 소그드상인 등이 있는데, 소그드상인은 서역西域의 숨은 고수들 중 하나이다. 서역은 한족漢族이 거주하던 지역 서쪽을 총칭하는 말인데, 서역상인은 실크로드의 주인공이자 최고의 장사꾼이었다. 그들은 일찍이 사막과 원거지 지역으로 비즈니스를 하러 다닌 탓에 흥정과 타협에 능숙하다. 이슬람교의 창시자 마호메트는 대상의 낙타몰이꾼 출신의 유능한 상인이자 탁월한 협상가였고, 이슬람 세력이 세계무역의 패권을 잡았을 때의 '브레인'은 페르시아인이었다.

이슬람상인들의 특징은 포용과 개방성이다. 페르시아상인은 그 대표 격이다. 제국의 역사는 포용과 개방성의 역사이며, 그것은 피 튀는 전쟁과 비즈니스에서 얻은 승리와 패배의 교훈 속에서 얻어진 것이다. 포용과 개방의 덕목은 종교의 자유, 노예제 폐지, 인권보호 등을 실행한 키루스 2세Cyrus the Great, B.C 580~529의 '엔노이아Ennoia' 정신을 통해서도 알 수 있다. '엔노이아'란 고대 그리스어로 '자신의 상식을 벗어나 타인의 처지를 묵상하고 헤아리는 능력'을 가리키는 말이다. 키루스 2세는 바빌론 공략B.C. 539 후 유대인을 해방하고 예루살렘성 재건과 상인들의 비즈니스 활동까지 지원했다. 오늘날 테헤란의 거리에서 흰 수염을 날리는 유대교 랍비, 가톨릭 신자인 택시기사, 조로아스터교도 상인의 모습을 목격할 수 있는 것은 그의 덕택이다.

이슬람상인들은 형제애와 경계심을 동시에 갖고 있다. 그들은 서로 간에도

17세기 프랑스 화가 끌라우데 비뇽(Claude Vignon, 1593-1670)의 '리디아 농부의 헌사(獻辭)를 받는 키루스왕', 최초의 대왕이자 유대인의 해방자로서, 군주의 거울이자 관용의 표상으로 추앙받았다.

감시와 경쟁을 하며, 때로는 음흉스럽기도 하다. 말도 안 되는 주장은 인도 상인 저리가라고 할 정도이다. 이러한 기질은 마호메트 사후 후계 구도에서의 갈등과 분쟁 상황에서 마호메트의 사촌이자 사위인 후세인을 지지하던 강경파Shia와 칼리프제를 주장하던 온건파Sunni 간의 싸움으로 거슬러 올라간다. 이슬람이란 말은 원래 아라비아어로 '평화' 또는 '복종'을 의미하며, 마호메트도 "한 손에는 코란을 한 손에는 칼을 들라!"라고 말한 적은 없다. 하지만 그들은 의젓한 척하면서도 경계심을 늦추지 않는다. 그들의 형제애와 경계심은 주도면밀하게 작용하며, 상황에 따라 큰 위력을 발휘한다.

이슬람상인들은 자존심과 계산이 강하다. 그들은 과장과 허세에도 능숙하며, 때로는 면전에서 재채기를 해도 커미션을 줘야 할 정도이다. 그들은 자신의 요구가 관철되지 않으면 모처럼 맺은 관계를 적대감이나 미움의 관계로 돌변시키기도 한다. 하지만 그들은 일단 마음에 들면 거의 다 수용한다. 이슬람상인들은 환상적인 스토리텔러들이기도 하다. 비즈니스와 상담 중에 펼쳐지는 그들의 사연은 햇빛에 바래면 역사가 되고, 달빛에 젖으면 신화가 된다. 일찍이 온천지로 장사를 다닌 그들과의 협상에서는 색다른 상상력과 언변으로 대응해야 한다. 포용과 개방성, 형제애와 경계심을 잘 간파해야 함은 물론이다. 만약 그도 여의치 않으면 '인샤 알라Insha Allah'라고 맞장구를 쳐야 한다.

인샤 알라, 부크란, 말리쉬?

이슬람의 교주 마호메트가 어느 날 동굴에서 도를 닦던 중, 누군가 '젊음'에 관해서 질문을 하기에, 마호메트는 "내일"이라고 대답했다. 하지만 신의 계시는 보름 후에 내렸고, 그 이후 이슬람교도들은 "내일 하겠다고 말하지 말라. 단지 '신의 뜻'이라고 말하라!"라는 『코란』18장 23~24절의 말을 마치 생명수처럼 사용하고 있다. '인샤 알라!', 곧 '모든 것은 신의 뜻대로!'라는 말은 전 세계의 비즈니스 현장이나 협상 테이블에서 널리 사용되고 있다. '인샤 알라!'는 의사결정이 어렵거나 직설적인 답변이 어려운 순간, 자신의 입장을 흐리게 하는 무기로써 이슬람상인의 입을 떠난다.

'인샤 알라!'의 효능은 놀랍다. 그 말은 시공을 넘나들며, 그 효능은 만병통치약이나 다름없다. '인샤 알라!'는 왕왕 '부크란Bukran'과 '말리쉬Malish'라는 말과 함께 등장하는데, 그 의미는 각각 '내일 또는 다음Next Time' 그리고 '괜찮아It's OK!'이다. 가히 이슬람상인다운 말들이다. '인샤 알라!'라는 말은 마치 그들만의 신을 따르라고 명하거나 속삭이는 것처럼 느껴질 때도 있다. '인샤 알라!'는 한 치 앞을 내다볼 수 없는 인간의 무지몽매함과 겸손함을 시간의 주관자인 신 앞에서 고백하는 말이기도 하다.

이슬람상인, 최고의 고수는?

필자와 이슬람상인들과의 인연은 꽤 깊은 편이다. 마케터로서의 첫 성공과 뼈아픈 고생을 가장 많이 안겨 준 이도 바로 그들이다. 이슬람상인들 중에서 누가 가장 흥정과 타협에 능숙한가는 정말 알기 어렵다. 이집트상인은 무엇이든 교섭할 때 치사하기 그지없고, 페르시아상인은 포용력이 있으나 음흉하다. 튀르크상인은 교활할 정도로 날렵하게 치고 빠지는 데 선수이다. 필자의 경험적 식견으로는 이집트상인은 페르시아상인을 당하지 못하고, 페르시아상인은 튀르크 상인을 당하지 못한다. 튀르크상인은 비단장사 왕서방을 울리던 페르시아상인에 여러모로 앞선다. 튀르크 출신의 무기상 바질 자하로프Bazil Zaharoff, 1849~1936는 현세 최고의 협상가이다. 필자에게 어려운 상황에서 뒤통수를 치면서 가장 고생스런 기억을 남긴 상대는 바로 튀르크상인이다.

이슬람상인 중에서 아주 특별한 이들은 소그드상인이다. 소그드상인은 실크로드의 중심이었던 중앙아시아의 사마르칸트 일대에서 발흥했던 페르시아계 소국 소그드 출신의 국제장사꾼이다. 소그드상인의 특징은 '분명한 거래'이다. 그들은 계약서 작성에도 철저했는데, 오늘날 사용되는 혼전계약서의 효시는 바로 그들의 것이다.

소그드상인의 상술과 협상력은 중국 상인, 아라비아상인, 인도상인 뺨칠 정도이었다. "소그드인은 아기가 태어나면 반드시 입안에 설탕을 머금게 하고, 손에는 아교의 재료가 되는 풀을 쥐여준다. 그것은 아이가 성장했을 때 설탕처럼 좋은 말만 하고, 한 번 쥔 돈은 아교가 달라붙듯이 절대 놓지 않기를 바라기 때문이다." 『구당서舊唐書』에 나오는 소그드인에 관한 이 문구를 보면 그들의 상술과 교섭력을 짐작하고도 남는다.

소그드상인. 5~9세기경 실크로드를 무대로 활동한 이란계 상인. 당나라 현종의 후궁 양귀비와 인연이 있었던 무신 안녹산은 6개국어를 구사한 소그드상인의 후예이다.

초경쟁 글로벌 시대, 이슬람계 기업인들의 힘은 급격히 증가하고 있다. 그들은 IT, 금융, 자원 등 산업 일반을 넘어서 모든 영역에서 부딪치며 다루기 힘든 대상이다. 그들과의 비즈니스에서 왕자나 고위 인맥이 중요한 것은 사실이지만, 이슬람 특유의 역사 속에 뿌리를 둔 그들의 상술과 협상 스타일을 이해하지 않고서는 진정한 파트너십을 이어갈 수 없다. 위의 이야기들은 오랫동안 그들과 거래를 하거나, 분쟁을 타결하는 과정에서 겪은 필자의 주관적 경험에 의한 것이지만, 복잡한 세계시장의 판도에서 참고할 만하다. 무한경쟁 시대의 주역이 되고자 하는 오늘의 비즈니스맨들은 신의 뜻을 앞세우는 그들의 형제애와 경계심을 잘 간파하고 대응하는 협상의 고수가 되어야 한다.

아르메니아인,
정교하고 끈질긴 반전의 고수

필자가 미국 근무 시절 살던 타운하우스의 주인 A씨는 곧 만료되는 렌트 계약서의 갱신여부에 대해서 분명히 해달라고 요구했다. 디아스포라의 삶에서 나오는 자세일까? 에스토니아 출신의 아르메니아인 사업가인 그의 말투는 강경하지 않았지만, 두꺼운 안경 너머 번뜩이던 그의 눈빛은 과연 세입자인 내가 자신의 집을 떠날 것인지 말 것인지를 세밀히 따져보고 있는 것 같았다. 그는 에어컨의 잦은 오작동으로 전기료가 많이 나오니, 월 임대료에 전기료를 포함시키는 조건Utility Paid으로 임대계약서를 갱신하자는 나의 요구를 거절하면서, 그 대신 문제가 발생할 때마다 자신이 직접 수리를 해주겠노라고 말했다. 그는 텍사스의 무덥고 습기 찬 기후에 바퀴벌레가 출몰하는 낡은 타운하우스의 주인답게 검약했으며, 유대상인 뺨칠 정도로 지독했다.

백인의 원조들, 고난의 역사와 진취성

아르메니아인은 코카서스의 작은 나라 사람들로서, 지리적 위치상 페르시아, 오스만 튀르크, 러시아 등 인근 강국들의 유린과 유대인 이상의 고난을 겪은 탓에 놀라운 생존력과 근성을 갖고 있다. 그들은 구소련 붕괴 후 독립 시점까지 유랑과 수난의 역사 속에 살아왔으며, 20세기 초에는 민족주의의 팽배에 대응하는 오스만 튀르크에 의해서 무려 120만 명이 학살당하기도 했다. 아르메니아인들은 노아의 방주가 머물렀다는 아라라트산Mt. Ararat이 있는 나라의 백성답게 세계 최초로 기독교를 공인했으며A.D.301, 동로마 제국에서는 상인, 관료, 성직자로부터 황제가 된 사람도 있다. 아르메니아인들은 특유의 지독함으로 페르시아 왕국에서도 자치권과 교역권을 확보했으며, 그들의 교역망은 남유럽, 인도, 중앙아시아, 스칸디나비아 지역까지 이르렀다.

아르메니아상인들은 진취적이며 사업 마인드가 강하다. 백인의 원조격인 그들은 강자의 논리에만 편승하지 않는 생존에 능숙하며, 기회 포착에도 강하다. 비엔나커피는 그들이 원수처럼 여기는 튀르크의 오스트리아 침공을 기회로 삼아, 그 정보를 제공한 대가로 얻은 커피 상권의 산물이다. 아르메니아인의 사업가적 기질은 유프라테스강을 오르내리던 와인 무역상으로부터 중세의 비단 무역상을 거쳐, 'Mr. Five Percent거래 수익의 5%를 받음에 기인'라고 불리던 포르투갈 태생의 정유사업가 칼루스트 굴벤키안Calouste Gulbenkian, 1869~1955, 미국 캘리포니아 프레스노Fresno의 이주민 출신으로 인수합병M&A의 귀재이자 카지노 거물인 커크 커코리언Kirk Kerkorian, 1917~2015과 같은 거상들을 낳기도 했다. 그들은 위대한 혁신가이자 협상가였다.

커크 커코리언(Kirk Kerkorian, 1917~2015)
아르메니아 출신의 억만장자로서, 카지노의 대부이자, 인수합병의 귀재였다.

정교함과 끈질김, 반전의 고수들

아르메니아인들은 "유대인 세 명이 아르메니아인 한 명을 이길 수 없다."라고 자신 있게 말한다. 고난과 역경 속에 살아남은 진취적 기질은 두 민족 모두 비슷하지만, 아르메니아인들의 개척정신은 정말 지독하며, 국제상인이자 협상가로서의 기질은 유대상인, 아랍상인, 인도상인들 뺨친다. 필자는 오래전 중동지역에서 아르메니아 출신 비즈니스맨과 상담을 한 적이 있는데, 그의 언변과 계산 감각은 놀라울 정도였다. 그는 비즈니스나 경제 환경을 이야기할 때 정교한 논리와 반전의 화법을 능숙히 구사하고 있었다.

아르메니아상인들의 언어와 수리능력은 탁월하다. 영국의 시인 바이런 George Gordon Byron, 1788~1824은 "아르메니아어는 신과 소통할 만한 언어다!"라고 말했을 정도이다. 동유럽에 가까운 문화적 정체성을 가진 그들의 언어는 세상에서 제일 어렵다는 러시아어보다 진화된 것이다. 아르메니아어로는 '사랑한다'는 표현을 수십 개 이상 구사할 수 있으며, 그들의 수리능력은 19단

սիրե(시렐, 사랑) → սիրող, սիրում, սիրելիս, սիրելու, սիրել, սիրած, սիրում եմ, սիրում ես, սիրում է, սիրում ենք, սիրում եք, սիրում են, սիրում էի, սիրում էիր, սիրում էր, սիրում էինք, սիրում էիք, սիրում էին, սիրելու եմ, սիրելու ես, սիրելու է, սիրելու ենք, սիրելու եք, սիրելու են, սիրեցի, սիրեցիր, սիրեց, սիրեցինք, սիրեցիք, սիրեցին, սիրեմ, սիրեի, սիրեիր, սիրեր, սիրեինք, սիրեիք, սիրեին, կսիրեմ, կսիրես, կսիրի, կսիրենք, կսիրեք, կսիրեն, կսիրեի, կսիրեիր, կսիրեր, կսիրեինք, կսիրեիք, կսիրեին, սիրի՛ր, սիրեցե՛ք, մի՛ սիրիր, մի՛ սիրեք, պիտի սիրեմ, պիտի սիրես, պիտի սիրի, պիտի սիրենք, պիտի սիրեք, պիտի սիրեն, պիտի սիրեի, պիտի սիրեիր, պիտի սիրեր, պիտի սիրեինք, պիտի սիրեիք, պիտի սիրեին, սիրել եմ, սիրել ես, սիրել է, սիրել ենք, սիրել եք, սիրել են, սիրել էի, սիրել էիր, սիրել էր, սիրել էինք, սիրել էիք, սիրել էին, սիրելու էի, սիրելու էիր, սիրելու էր, սիրելու էինք, սիրելու էիք, սիրելու էին

러시아, 이란, 터키에 둘러싸인 소국 아르메니아와 아르메니아어.
최초의 기독교 국가로서, '사랑'에 관한 표현의 수만큼 수많은 사연을 간직한 상인의 나라이다.

을 암산하는 인도인들보다 우수하다. 아르메니아상인은 25×35를 계산하는데 10초가 걸리는 반면, 로마상인은 1분이 걸린다는 말이 있을 정도이다. 아르메니아상인들은 틀에 박힌 상담보다는 이런저런 조건을 내세우며 따지는 걸 즐기는데, 이는 그들만의 정교한 언어와 수리능력과도 일맥상통하는 것이 아닌가 생각된다. 아르메니아인의 그러한 기질은 끈질긴 설득과 반전을 가능케 한다.

아르메이나상인들은 과거의 쓰라림에 연연하지 않는다. 비즈니스 스케일도 쫀쫀하지 않다. 일찍이 머나먼 지역을 다니며 귀중품을 거래하던 그들은 친족과 교회 간에 얽힌 정보망과 신뢰, 그리고 신에 대한 두려움에서 나오는 자율과 탐욕의 다스림에 익숙한 비즈니스와 협상의 귀재들이다. 17세기 초 스페인에서 발견된 한 문서에는 아르메니아상인들에 대해서 이렇게 기술되어 있다.

"이들보다 더 탐욕스러운 민족은 없다. 그들은 지중해 연안에서 비단을 팔아 큰 이익을 보면서도, 한 푼이라도 더 벌기 위해 세상 끝까지 달려간다."

일본인, 집단성과 속내 감추기

도요토미 히데요시(豊臣秀吉, 1536~1598), 바늘장사에서 시작하여 돈(金)과 창(戈)을 모두 얻은 그는 '눈치'와 '때를 기다림'에 관한 한 일본 최고의 지략가이자 협상가이다.

1600년 9월 중순, 도쿠가와 이에야스德川家康, 1543~1616는 도요토미 히데요시豊臣秀吉, 1536~1598 사후의 패권을 놓고 이시다 미츠나리石田三成, 1560~1600와 세키가하라 벌판에서 힘겨운 전투를 벌이고 있었다. 이 전투 와중에 도쿠가와 이에야스 앞에 요도야 조안淀屋常安이라는 구세주가 나타났는데, 그는 도요토미 히데요시 지배 시절 토목업자로서 부자가 된 사람이다. 요도야 조안은 "역사는 항상 새롭게 쓰인다."라고 갈파한 미국의 역사학자 칼 베커Carl Becker, 1873~1945의 말을 이미 알고 있기나 한 듯 도쿠가와 이에야스를 찾아가 군량과 막사의 지원을 자청하였고, 도쿠가와 이에야스는 그의 덕택으로 승기를 잡았다. 도쿠가와 이에야스는 전쟁 종료 후 신세를 갚겠다고 제안했으나, 요도야 조안은 거듭 사양하다가 결국 전장에 널려 있는 시체들의 처리권한을 요청하였다. 도쿠가와 이에야스는 이를 승낙했으며, 요도야 조안은 더 큰 부자가 되었다. 이 무슨 기묘한 협상이었을까?

승부수와 윈-윈의 귀재들

요도야 조안, 그는 희대의 장사꾼이자 영악한 협상가였다. 그는 '칸토의 너구리関東の狸'라고 불리던 도쿠가와 이에야스의 머리 위에서 놀고 있었다. 사실 도쿠가와 이에야스로서는 악취와 전염병이 창궐하는 전쟁터에 널려있는 시체를 치운다는 것은 그야말로 골치 아픈 일이었을 것이다. 그는 힘겨운 전투 중에 물자를 지원해주더니, 더러운 시체까지 처리해 주겠다는 요도야 조안의 말에 너무나도 기뻤을 것이다. 하지만 정작 굿딜에 횡재를 한 사람은 요도야 조안이었으니, 그는 수많은 시체에서 수거한 값비싼 갑옷과 투구 및 창검을 팔아서 막대한 수익을 거두었던 것이다. 요도야 조안의 행동은 "돈錢이라는 글자의 뜻은 돈金과 창戈 두 개를 모두 얻는 것이다."라는 말을 실감케 하는 것이었으며, 그것은 시류에 올라타 이익을 완벽히 챙기면서 협상에 성공한 승부사의 귀재다운 모습이었다.

일본상인들의 특징은 '빠른 눈치'와 '때를 기다리는 인내심'이다. 그것은 어린 시절 무사였던 부친의 피살을 바라보았던 요도야 조안이나, 전사자의 아들이자 미천한 바늘장수였던 도요토미 히데요시나, 15세부터 인질 생활을 체험한 도쿠가와 이에야스나 모두 마찬가지였을 것이다. 귀족, 무사, 상인 간의 경쟁과 유착이 난무하던 시절 이래, 일본의 상인이나 기업가들의 언행 가운데 녹아있는 것은 '강자에 대한 의탁'과 '생존을 위한 눈치'이다. 그것은 일본인 특유의 집단성과 속내 감추기의 형태를 띠면서, 알쏭달쏭하기까지 한 조화와 이중성의 문화로서 고착된 듯하다.

조화와 이중성, 자격과 장場

일본상인들은 권역과 사업의 특성에 따라 여럿으로 나뉜다. 대표적으로는 교토의 후시미伏見상인, 시가현의 오우미近江상인, 오사카의 히라노平野상인, 사카이현의 사카이酒井상인, 기슈번의 이세伊勢상인 등이 있다. 흔히 말하는 오사카상인은 도요토미 히데요시의 득세 시절 그의 명에 따라 오사카성 인근에 집단 이주한 후시미상인, 오우미상인, 히라노상인, 사카이상인 등을 총칭하기도 한다. "돈이 없으면 달빛이라도 베어 팔아라!"라고 외치던 오사카상인의 기질은 독보적인 위치와 문화를 창출하면서 그 맥락을 이어오고 있다. 각각의 면모를 간략히 살펴보자.

후시미상인은 도쿠가와 이에야스 지배 시절 교역의 창구였으며, 상도를 중시하던 그들의 전통은 일본 최고 백화점 카시마야高島屋로 이어져 오고 있다. 오우미상인은 전국을 헤집고 다니던 행상 출신이다. 상인중의 상인이라고 할 정도로 상혼을 자랑하던 그들의 전통은 복식부기, 기모노, 다다미 등의 물품과 이토츄 등 종합상사의 기원을 이루었다. 사카이상인은 자유무역의 대부로서, 네덜란드, 포르투갈과의 교역을 주도했다. 일본 최초로 총기를 생산한 그들은 무사를 압도하는 기개와 국제 감각의 소유자들이었다. 히라노상인은 동남아 지역의 상권을 쥐고 있던 약종상 출신들이다. 이세상인은

'이세거지'라는 애칭에 맞게 돈에 대한 애착과 근성이 넘친다. 이세상인은 목재, 면포, 주류, 금융 분야에 강했으며, 일본 최대의 재벌 미쓰이는 그들의 후예이다.

일본 기업과 비즈니스맨들의 우선적인 공통점은 '화和의 문화'와 '네마우시根回し'이다. '화'는 단적으로 말해서 배려와 좋은 관계를 유지하는 것이며, '네마우시'는 집단 중시 문화에 근거한 사전조율을 의미한다. 네마우시는 원래 나무를 옮길 때 뿌리를 통째로 묶는 것을 가리킨다. 도쿄대의 사회인류학 교수 나카네 치에中根千枝는 그의 저서 『일본 사회의 인간관계』에서 집단을 구성하는 원리로서 자격資格과 장場이라는 두 가지를 들면서, 일본은 개인이 속한 '장', 또는 '테두리'가 중요한 대표적인 사회라고 주장한다. 일본의 정신세계에서 친절, 미소, 배려는 빼어놓을 수 없는 덕목이지만, 그것들은 자신을 넘어 조직이나 사회를 위한 것이기도 하다.

일본인의 이중성은 '혼네本音'와 '다테마에建前' 두 가지 말로 집약된다. 혼네는 '속마음'을, 다테마에는 '겉으로 드러나는 주장'을 말한다. 다테마에는 딱 부러지게 말하기를 기피하는 모습으로 나타나기도 한다. 일본인들의 겉으로 내세우는 말과 내면에 숨기고 있는 의미는 정말 다르다. 필자는 자칭 20세기의 '비즈니스 사무라이'를 자칭하던 한 일본 상사맨과 거래를 한 적이 있는데, 그는 언제나 복심腹心을 가진 듯했고, 그의 보스는 예의 바른 척하면서도 갑으로서의 냉랭한 분위기를 드러내기도 했다. 일본인들의 그러한 성향은 폐쇄성과 개방성의 두 얼굴을 띄면서 친절하나 속을 알 수 없는 파트너로서 답답함을 느끼게 한다. 미소 속의 비수라고 할까? 그것은 전통을 구가하는 요식문화와 선정성 있는 일탈 속에서도 속내를 챙기는 천하의 깍쟁이들의 모습이기도 하다.

속 터지게 하는 비공식 협상

"잘 알겠습니다.", "긍정적으로 검토해 보겠습니다.", 노No라고 결코 말하지 않는 일본 비즈니스맨들의 모습이다. 일본 비즈니스맨들은 협상 시 '잘 고려해보겠다'라는 식의 말을 흔히 하는데, 이는 실상 '완곡한 거절'의 의미를 갖는다. 일본 비즈니스맨들의 이러한 성향은 자신의 의견을 강하게 내세우지 않는 것을 미덕으로 여기는 문화에서 나오는 것이다. 그들은 '노No!'라고 말함으로써 야기될 수 있는 대결 국면을 피하되, 조직이 수긍할 수 있는 합의안의 도출을 우선시한다. 일본의 평론가 야마모토 시치헤이山本七平, 1921~1991는 그의 저서 『일본인이란 무엇인가』에서 일본은 '공기의 나라空氣論, 1983'라고 말했는데, 이는 일본인들은 집단 속에서 행해지는 무언의 커뮤니케이션과 분위기를 통해 개인의 행동을 결정한다는 의미이다.

일본인들은 절차와 비공식 협의를 중시한다. 그것은 상대방을 초조하게 만들면서 유리한 국면을 도출하려는 전략이기도 하다. 일본인과의 협상에서 절차의 준수는 필연적 과정이며, 이는 협상의 장기화를 야기하기도 한다. 이러한 국면에 대비하려면 용의주도한 사전교섭이나 막후조율을 통해서 의제를 확정하거나, 중간합의를 도출하는 것이 바람직하다. '네마우시'는 협상의 사전, 사후에 모두 필요하며, 일본기업의 정보력이 탁월한 이유도 그에 기인한다. 한 가지 더 기억할 점은 그들은 협상 후 실행 단계에서도 계약은 얼마든지 변경될 수 있다고 생각한다는 점이다. 일본인은 대체로 공식 협상을 선호하지 않는다. 그들은 겉과 속을 나누어 상황에 따라 대처해 나가는 데 익숙하다.

무릇 협상이란 문화에 대한 이해를 바탕으로 파트너십을 구축하거나 그를 견고히 하는 데 목적이 있다. 그러한 관점에서 일본인들과의 협상은 조화와 이중성, 폐쇄성과 개방성을 다루는 혼네와 다테마에의 협상임을 이해하는 것이 중요하다. 일본의 완강한 역사 부인과 사과하지 않는 태도를 보라! 그들은 초기 접촉이나 사전협상 단계에서는 관계를 중시하는 듯한 모습을 보이지만, 실제 협상에 들어가면 그들 특유의 본색을 드러낸다. 일본은 정말 가깝고도 먼 나라다. 이제 그들과의 비즈니스와 문화 교류에서 글로벌 무대의 흐름과 변화에 걸맞은 협상 문화를 적용하도록 유도하고 그를 잘 활용함으로써, 공존 상생의 파트너십을 이룰 수 있어야 한다.

한국인,
스타일과 개선점은?

"한국인들은 협상할 때 개인주의 성향이 짙고, 이기심이 매우 강하다.
협상이 결렬되었을 때 즉각 대응할 수 있는 대안을 준비하는 데에도 소홀한 것 같다."

미국 노스웨스턴대학교 켈로그Kellogg 분쟁해결연구소장을 지낸 진 브렛Jeanne M. Brett 교수가 발표한 '한국인의 협상 스타일에 대한 연구2007'의 내용이다. 한국인은 매운 고추를 매운 고추장에 찍어 먹는 유일한 민족이니, 유리하면 후끈 달아오르고 불리하면 위축되는 성향은 전 세계에서 둘째가라면 서러워할 정도이다. 한국인의 조급함은 많은 경우 협상에서 실패를 부추기며, 만약 상대방이 쥐어짜듯 밀어붙이면 이렇다 할 대안도 없이 주저앉거나, 약간의 양보에도 고마워하는 자세로 변모하기도 한다. 하지만 이것이 과연 무한경쟁의 시대에 걸맞은 협상 스타일일까?

한국인, 국제협상에 강한가?

한국인은 국제협상에 강한가? 이에 대한 답은 "한국인들은 정말 이기적인가?"에 대한 해석으로부터 시작되어야 할 것 같다. 유리하면 후끈 달아오르고 불리하면 위축된다는 것은 결국 이기심의 발로가 아니고 무엇이겠는가? 그간의 여러 정황을 보면 한국인들의 협상에서 이기심을 충족시키려는 자세는 세상에서 제일 지독하다는 유대인들보다 더한 것 같다. 반면, 협상 목표의 설정, 주도력, 타결 능력 면에서는 그다지 높은 점수를 받지 못하는 것도 사실이다. 협상 종료 시 자신의 평판이나 체면에 신경을 쓰는 것도 문제이다. 한국 등 아시아권에서는 기업이나 개인의 위상이 협상의 결과를 좌우하지만, 구미지역에서는 협상의 다양한 국면에 대처할 수 있는 능력이 중요시된다.

협상과 문화 간의 연관성에 대한 이해 부족 또한 문제이다. 한국인들은 비즈니스 협상과 이문화 리더십 사이의 연관성이 중요하다는 점을 인정하지만, 실질적인 대처 능력은 아직 미흡하다는 평가를 받고 있다. 한국인은 지구촌 어디에서나 움직이고 있지만, 협상가로서 유능하다는 코멘트는 별로 찾아볼 수 없다. 알파고와 이세돌 간에 이루어진 '세기의 대국'에 관한 협상의 뒷이야기가 씁쓸함을 가져다주는 이유도 거기에 있다. 협상에서 다양한 이문화의 특성과 본질을 이해하는 것은 필수적 요건이다. 이제 이문화에 대한 이해는 협상에서 비장의 무기라기보다는 하나의 필수적 무기로 여겨지고 있음을 재인식할 필요가 있다. 이문화에 대한 이해는 글로벌 경쟁력의 원천이다.

협상전략이나 전술의 구사능력도 중요하다. 협상에서 다양한 전략과 전술의 구사가 필요한 현실적 이유는 상대방의 '수'를 읽고 '허점'을 공략하기 위한 것이다. 협상에서 오직 인간관계의 중요성에 연연하거나, 유력자에 대한 막연한 기대감에 쌓이는 것은 정말 무지함의 발로이다. 협상에서 상대방의 '수'를 제대로 익히지 않은 채 그 속에 뛰어든다는 것은 아마추어 선수가 노회한 프로에게 무조건 달려드는 것과 무엇이 다르겠는가? 협상의 여러 국면에 필요한 전략이나 전술에 대한 체계적인 이해와 적용 능력이 없으면, 어느새 상대방의 현란한 협상술에 말려들어 낭패를 보게 될 것이다.

한국의 비즈니스 전사들이 나아갈 방향

세계화가 진행된 지 벌써 오랜 세월이 지났다. 4차 산업혁명을 논하는 시대, 글로벌 무대에서의 협력과 경쟁의 양상도 크게 달라지고 있다. 이러한 가운데 다양한 문화권의 협상 파트너들을 잘 이해해야 한다는 것은 아무리 강조해도 지나치지 않다. 글로벌 무대에서 상대방의 스타일을 모르고 전투에 임하는 것은 백전백패의 길이며, 그것을 아는 것은 백전백승의 길이다. 상대방을 모르고 어떻게 상대방을 정복할 수 있겠는가? 상대방의 스타일을 잘 알고 대응하는 것이야말로 유리한 위치를 점하면서도 장기적인 파트너십을 구축하는 길이다.

이제 한국 비즈니스맨들의 흥정하고 타협하는 스타일과 개선점을 축약 정리해보자. 한국 비즈니스맨들은 대체로 협상의 조직력이 약하고, 인간관계에 의존하려는 성향이 강하다. 한국인의 위상으로 보아 글로벌 시장에서 상대할 대상은 많으나, 그들의 힘과 위세를 다루는 데에는 역부족인 경우도 많다. 한국인의 단점은 조급함과 치밀함의 부족이다. 한국인의 후끈 달아오르는 기질은 놀라운 성장을 이루고, 국제사회에서의 위상을 높여주었지만, 다양한 이문화 환경에서 전개되는 협상 과정에서 상대방의 마음을 얻을 수 있는 협상력과 의사소통 기술 면에서는 고려할 점이 많다. 한국 비즈니스 전사들이 염두에 두어야 할 개선점과 행동 방향 5가지를 제시하면 다음과 같다.

한국 비즈니스맨들의 협상 시 유의사항 5가지

❶ 아시아적 협상 스타일에서 벗어나 글로벌적 시각을 가져야 한다. 상대방이 어떻게 흥정하고 타협하는지를 잘 이해하고 대응하여야 한다. 한국 비즈니스맨들의 협상 스타일은 자기중심적인 경향이 많다.

❷ 상대방과의 가치관 차이를 인정하면서, 대립이 필요할 때에는 당당하게 논리를 전개하며 맞서야 한다. 특히 문제의 핵심을 벗어나 단순한 흥정으로 일관하거나 쉽게 양보하는 자세를 버려야 한다.

❸ 철저히 짜인 시나리오에 의해 세밀하게 접근하고, 최상급자나 누구 한 사람의 협상력에 의존하는 자세에서 벗어나야 한다. 살아서 꿈틀거리는 정보를 얻기 위해서는 항상 꿈틀거려야 함은 물론이다.

❹ 인간적 매력과 신뢰를 보여야 한다. 또한 절박한 순간에도 협상 테이블 안팎에서의 접촉으로 교감을 이룰 수 있어야 한다. 한국 비즈니스맨들은 의사소통에 있어서 대립과 교감의 양날을 쓰는데 약하다.

❺ 최악의 경우라도 포기하지 말아야 한다. 포기하지 말아야 하는 이유는 환경의 급변이나 상대방의 실수가 있을 수 있기 때문이다. 비록 작은 실마리라도 놓치지 않고 불굴의 자세를 견지하면, 나머지는 하늘이 알아서 한다.

격동의 21세기, 세상은 격변하고 파트너들의 생각도 급변한다. 그러므로 초경쟁 글로벌 시대의 비즈니스 전사들은 자신의 목적을 달성하기 위해서라면 필히 상대방의 흥정하고 타협하는 모습을 잘 알고 덤벼야 한다. 아무리 거상의 눈빛과 친구의 손길로 대해주더라도 그에 대해서 잘 알지 못하면 견고한 파트너십은 고사하고 종국에는 모든 것을 다 양보하게 된다. 이문화 협상은 무늬만을 바라보는 전시회와 같은 것이 아니다. 어설픈 한류韓流 또한 바람직하지 않다. 유력한 파트너들과의 지속적인 유대를 위해서는 문화와 상관습에 뿌리를 둔 그들의 협상 스타일을 잘 이해하고 대응해야 한다.

제 7 절

'21세기형 문화지능'으로 무장하라

문화차는 자원이다

글로벌 무대에서의 비즈니스나 조직생활에서 부딪치는 문제 중 가장 긴요한 것은 이문화에 대한 저항과 갈등이다. 문화는 원래 '고유성'과 '상대성'의 두 가지 측면을 지니고 있는데, 이들 중 문화의 상대성은 '다양성'이라는 얼굴을 띄면서 때로는 긍정적으로, 때로는 부정적으로 영향을 미친다. 이러한 견지에서, 이문화권 상대자들과의 비즈니스에 앞서 문화의 다양성이 주는 이점과 불리한 점에 대해서 이해하는 것은 협상가의 기본 요건이라고 할 수 있다. 문화의 다양성이 야기하는 문제들의 대부분은 이문화권 당사자 간의 상이점 확인 및 공통점의 수렴과정Convergent Process에서 나타나는데, 그것은 곧 동질적 사고와 행동을 이끌어내는 노력의 과정이기도 하다.

다양성, 문제인가 이득인가?

문화는 보이지 않는다. 하지만 문화적 다양성은 분명히 존재하며, 비즈니스나 조직생활에 영향을 준다. 문화적 다양성이 야기하는 문제에 대한 시각은 네 가지로 나뉠 수 있는데, 그 첫째는 문화의 다양성은 존재하지만 아무런 영향을 주지 않는다는 시각, 둘째, 문화의 다양성은 존재하지만 오직 문제만 선사한다는 시각, 셋째, 문화의 다양성은 문제를 야기하지만 이득을 줄 수도 있다는 시각, 넷째로 문화의 다양성은 문제와 이득을 동시에 낳을 수 있다는 시각이다. 이러한 해석들은 모두 다양성이 야기하는 '문제'와 '이득'에 초점이 맞춰져 있음을 알 수 있다. 좀 더 살펴보자.

먼저, 문화의 다양성이 부여하는 '이로운 점'은 다양한 과제들이 갖고 있는 의미와 대안의 확장이다. 다양성은 새로운 관점이나 아이디어에 대한 개방과 해석을 허락하며, 그로 인한 창조성과 유연성의 증가는 문제해결 능력까지 확장시켜준다. 다양성은 새로운 시장, 인맥, 기술, 제도 등 특정 국가나 문화만이 보유하고 있는 자산들을 공유하면서 일할 수 있게 해준다. 결국 다양성은 경영과 비즈니스의 중요한 자원으로서 자리매김하게 되며, 이는 곧 문화차가 자원이라는 이야기로 귀결된다. 문화차는 큰 자원이다.

유명한 향수 샤넬 No 5. '5'라는 숫자는 완성, 권위, 사랑을 상징한다. 70개국의 문화가 녹아 있는 향수의 광고는 "샤넬 넘버 5를 입고 자요."라는 말을 남길 정도로 관점과 아이디어의 개방과 해석을 허락한다.

문화의 다양성이 유발하는 '불리한 점'은 의미와 행동의 불일치이다. 의미와 행동의 불일치는 모호성과 복잡성을 가중시키며, 합리적 의사결정을 저해하거나 불필요한 비용을 발생시키기도 한다. 문화의 다양성이 경계해야 할 점은 과도한 자기중심주의와 일반화의 함정이다. 다양성은 규범성을 침해할 때 오히려 부메랑으로 돌아올 수도 있음에 유의해야 한다. "다양성은 마땅히 존중되어야 한다."라는 미명 하에 식인종의 행태를 '신을 위한 영광의 죽음을 연출하는 의식'으로 미화할 수 있겠는가?

'인식'과 '판단'은 별개이다

세계인들의 모습은 정말 다양하다. 인종주의자, 성차별주의자, 민족주의자, 평화주의자 등 다양한 면모에 기질들 또한 각양각색이다. 자국의 문화를 강요하는 문화적 제국주의의 모습은 역사를 왜곡하기도 한다. 인간의 모습에 대한 이러한 정의나 묘사의 근거는 간단하다. 예컨대 북미의 문화적 규범은 의식적으로 성, 인종, 민족성 등에 무관심해질 것을 요구하며, 한 개인에 대한 판단은 그가 가진 기술이나 전문성에 의해서만 행할 것을 강요한다. 그것은 정말 타당한 일인가? 이에 대한 답은 '인식'과 '판단'의 혼동으로부터 벗어나는 데 있다.

'인식Recognition'이란 문화가 다른 사람들은 서로 다르게 행동하며, 상대방과 맺는 관계의 내용도 다르다는 사실을 깨닫는 것이다. 그것은 곧 어떤 민족이 다른 민족보다 더 낫다거나 못하다는 것, 즉 '판단Judgement'이 아니라, 단순히 다르다는 점을 인정한다는 의미이다. '인식'과 '판단'은 별개이다. 문화 간의 우열을 가리는 '판단'은 자칫 부적절하고 위험한 태도와 행동을 초래할 수 있다. 반면, 문화적 차이를 '인식'하는 것은 그러한 부작용을 유발하지 않으며, 오히려 문제점들을 최소화하고 장점을 극대화시켜준다. 문화의 다양성을 수용함에 있어서 중요한 것은 '판단'보다 '인식'이다.

문화차는 자원이다. 문화적 다양성은 분명히 존재하며, 비즈니스에 영향을 준다. 문화에 대한 접근은 문화의 이질성Heterogeneity을 강조하는 가운데, 하나의 목표에 이르는 길은 여러 가지이며, 어떠한 문화도 본질적으로 다른 문화에 비해 우월하지 않다는 동과성Equifinality을 전제로 해야 한다. 문화적 차이를 무시하는 것은 생산적이지 못하다. 자신의 고객이나 파트너를 그가 속한 집단을 근거로 판단하는 것은 곧 편견을 낳기 때문이다. 진정한 세계인이라면 그들을 중요한 인물로서 인식하고 있는지, 그냥 판단하고 있는지에 대해서도 돌아보아야 한다. 문화는 일관성 있는 한 장의 큰 그림이라기보다는 가치 있는 수많은 차이의 군집Cluster과 같은 것이다. 문화차가 부여하는 가치는 실로 크다. 문화차는 귀중한 자원이다.

문화적 자각이 먼저다

"미국 사람들은 언제나 바쁜 것 같다. 걸어가는 모습을 보라.
그들은 인생을 즐길 짬을 전혀 내지 않는다. 일이 너무 많은 것이다."

"시골 어디엔가를 간 적이 있었는데, 한 미국인이 빨간 신호등 앞에 서 있는 것을 보았다.
좌우 수 마일 내에 차라고는 한 대도 안 보였는데도 그는 계속 서 있었다."

여러 나라의 파트너들과 협상을 벌이다 보면, 어느 국가의 문화와 사람에 대한 생각은 천차만별임을 발견하게 된다. 위의 첫 번째 지문은 인도인이 바라보는 미국인의 모습이며, 두 번째 지문은 터키인이 바라보는 미국인의 모습이다. 브라질인은 미국인에 대해서 창의적, 활동적, 탐욕적이지만 여유롭거나 섹시하지는 않다고 생각한다. 한때 미국을 지배했던 영국인들은 미국인은 친근하고 활동적이나 민족주의적이고 방종스럽다고 생각한다. 필자는 이 모든 언급에 대해서 동의하지만, 딱 한 가지 미국인들은 인생을 즐길 짬을 전혀 내지 않는다는 주장에 대해서는 동의하지 않는다. 미국인들은 자신에 대한 타국인들의 이러한 평가에 대해서 인식하고 있을까? 한국인은 어떠한가?

문화적 자각, 왜 필요한가?

흔히 문화를 이해해야 비즈니스에 성공할 수 있다고 말한다. 비즈니스도 결국 사람이 주체이니, 어떤 사람이 지닌 가치관, 태도, 행동의 모습을 이해하는 것이 필수적임은 분명하다. 그럼 자신의 모습에 대한 평가와 이해는 어떠한가? 미국인이나 한국인이나 혹시 자신의 모습에 대한 이해 면에서 돌아볼 점은 없을까? 사람들은 간혹 복잡하고 수수께끼 같은 타국인의 문화에 대해서 당혹해하거나 갈피를 못 잡는 경우가 있지만, 정작 자신의 모습에 대해서는 자각하지 못하는 경우가 많다. 타국인의 문화에 대한 이해에 앞서 생각할 것은 '문화적 자각', 곧 '나의 문화에 대한 자각'을 분명히 하는 것이다. 자신의 모습에 대해서 제대로 인식하지 못하는 것은 '문화적 문맹'이라고 할 수 있다.

문화적 자각은 오류를 방지한다. 이문화적 상황에 놓인 기업의 임직원 중에는 외국인 동료들이 실제 이상으로 자신과 비슷하다고 생각하는 경우도 있다. 전문어로는 이를 '투사된 유사성Projected Similarity'이라고 하는데, 그것은 자신의 특성을 타인에게 투사하여 자신과 비슷한 사람인 양 가정하는 성향을 의미한다. '투사된 유사성'에는 "나는 당신을 완전히 이해하는데, 당신은 나를 이해 못해!"와 같은 생각처럼, 실상은 오해하고 있으면서도 마치 이해하고 있는 것처럼 착각에 빠지게 하는 경우도 있다. 투사된 유사성은 "인간의 모습은 어디에서나 똑같다."라는 말을 반증하는 것 같지만, "사람들은 왜 나처럼 '합의'에 도달하지 못할까?"라는 같은 미혹에 빠지게 할 수도 있다.

문화적 문맹에서 벗어나라

문화적 문맹은 위험하다. 글로벌 무대에서 중요한 것은 타국인의 사고와 행동을 바로 이해하는 것이라고 생각하지만, 그에 앞서는 걸림돌은 우리 자신의 문화에 대하여 자각하지 못하는 것이다. '문화적 자각'은 쉽지 않다. 사실 우리는 자신의 모습에 대해서 제대로 인식하지 못한 채 타국인의 평가를 접하고 상당히 놀라는 경우도 많다. 미국인들의 경우에도 외국인이 자신들을 조급하고, 노골적이고, 호기심이 많으며, 지나치게 법을 따진다고 평가하는 것을 들으면 의아해한다. 미국인들은 열심히 일한다는 타국인의 평가에 대해서도 놀라워하며, 자신들은 놀 때는 놀고 할 때는 한다고 생각할 뿐이다.

이문화권 파트너와의 협상은 시험과 합일화의 과정이다. 복잡다단하고 미묘한 문화와 사람에 대한 이해는 '나'의 확인으로부터 시작된다. 문화적 문맹에서 벗어나는 것, 문화적 자각은 치열함을 극복하게 하는 첫걸음이다. 또한 문화적 자각은 훈련을 요구한다. 미국의 인류학자 에드워드 홀Edward Hall, 1914~2009은 "바로 우리 가까이 있는 것이 가장 덜 알려져 있고, 그에 대한 연구도 부족하다."라고 말했다. 역설적이긴 하지만, 타국인에게 자신에 대한 인상을 묘사해 보도록 하는 것은 문화적 문맹에서 벗어날 수 있는 좋은 방법이다. 문화적 문맹에서 벗어나는 순간 당신은 이미 훌륭한 협상가이다.

가치관, 태도, 행동을 주시하라

"미스터 리, 좋아요.
오늘의 포인트는 무엇입니까?"

에드몬드 레이먼, 그는 자리에 앉자마자 대뜸 이렇게 말을 걸어왔다. 걸프 지역 최대 철강 유통상의 2세이자 네덜란드계 유대인이었던 그는 로버트 루이 스티븐슨Robert Louis Stevenson, 1850~1894의 소설 '보물섬'의 주인공 에드몽 당테스가 연상될 정도로 준수한 외모를 지녔고, 비즈니스 상대로서도 만만치 않았다. 그는 보물섬에 얽힌 모험, 음모, 배신 같은 낭만적인 이야기는 고사하고, 오직 비즈니스 현안에 대한 조건에 대해서만 신경을 쓰면서 집중적인 질문을 퍼부었다. 그는 통상적인 미국의 비즈니스맨들처럼 개인적 성취를 중요시했고, 그러한 가치관은 사적인 대화보다 성과나 능력을 강조하는 것으로 표출되곤 했다. 미국인의 그러한 성향은 협상 시의 갈등 수준과 파트너십에도 영향을 미치는데, 네덜란드계 이민자의 후예인 그의 경우는 더욱 그러했다.

가치관 · 태도 · 행동의 순환 고리를 잡아라

어느 문화권에서나 개인이나 집단이 명시적 또는 묵시적으로 바람직하다고 생각하는 것이 있는데, 그것은 그들이 취하는 행위의 목적과 수단을 정당화하거나, 옳고 그름을 가리는 데 적용되는 일종의 신념 같은 것이다. '가치관'이란 바로 그러한 믿음을 의미하며, 특별히 이문화권의 협상자를 상대할 때에는 그 조직이나 개인의 가치관에 대해서 미리 이해할 필요가 있다. 다른 예를 들면, 남미의 기업가들은 첫 대면에서 사적인 이야기를 서슴지 않는데, 그것은 비즈니스와 경영에서 가족을 중시하는 그들의 가치관을 드러내는 것이기도 하다.

가치관은 구체적 대상에게 그것을 표현하고 상대방으로 하여금 특정 방식으로 반응하도록 만든다. 우리는 이를 '태도'라고 하며, '행동'은 말 그대로 모든 형태의 인간 행위를 의미한다. 좀 더 이야기해 보자.

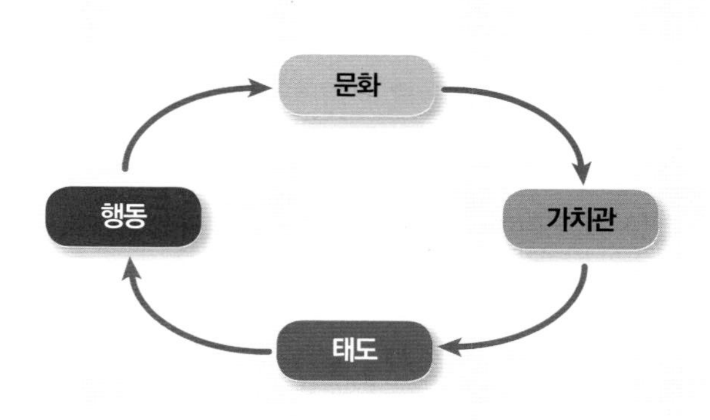

▌문화가 행동에 미치는 영향

먼저 '태도'이다. 캐나다 지역에서의 어느 시장 조사에 의하면, 프랑스계 캐나다인들은 향긋하고 달콤한 냄새를 좋아하는 반면, 영국계 캐나다인들은 청결한 느낌을 주는 냄새를 선호한다. 이러한 태도를 중심으로 보면, 비누 광고에 관한 한, 프랑스계 캐나다인들을 대상으로 할 때는 향긋한 냄새를 강조하고, 영국계 캐나다인들을 대상으로 할 때는 방취 기능의 우수성을 강조해야 한다. 만약 이 두 회사로부터 광고 계약을 따내려면, 이러한 태도 면에서의 차이를 숙지하고 각각의 협상에 임해야 한다.

다음으로 '행동' 측면의 예를 들면, 남미의 기업인은 비즈니스 협상 과정에서 북미의 비즈니스맨보다 자주 신체 접촉을 하는 경우가 있다. 반면에 일본계 이민자 출신 사업가가 많이 있는 브라질 같은 나라에서도 일본인은 신체 접촉의 빈도가 훨씬 낮다. 브라질 멀리 동남아에서는 사람의 머리를 만지는 것은 절대 금물이다. 행동에 관한 이러한 특성과 차이점들은 비언어적 커뮤니케이션이 강조되는 협상 과정에서 필히 유념해야 할 사항들이다.

이문화 협상에서는 가치관, 태도, 행동 등 상대방의 문화적 특성의 기본을 잘 알고 임해야 한다. 가치관은 태도와 행동에 영향을 준다. 나아가 끊임없이 변화하는 개인행동과 집단행동의 패턴은 결과적으로 한 사회의 문화에 영향을 줌으로써 또다시 하나의 새로운 순환Cycle을 시작케 한다. 노련한 협상가는 국제무대에서 그러한 순환의 고리를 잘 붙잡고 상대방을 요리하는 사람이다. 가치관, 태도, 행동 이 세 가지를 주시하는 것이야말로 상대방의 문화를 이해하는 것이자 이문화 협상의 기본이다.

지각, 해석, 평가의 오류에서 벗어나라

"러시아인과 중국인은 세상을 같은 방식으로 바라볼까? 아니다.
브라질은 흑인의 피가 섞인 혼혈 국가이니
브라질인과 가나인의 세계관은 같을 수 있을까? 역시 아니다."

과거 여러 나라의 기업인들과 협상을 할 때, 언제나 머릿속에 맴돌던 생각이 있었다. '그들은 어떠한 사람일까?' 이러한 의문에 대한 답을 구하기는 어려웠지만, 그들과 만났을 때의 기억은 적어도 그들의 유형을 정형화하는 데 영향을 미쳤을 것이다. 하지만 그러한 지각의 유형은 생득적이지도 않고 절대적인 것도 아니다. 예를 들어서, 멕시코 어린아이에게 투우와 야구 경기의 그림을 보여주면 그는 나중에 투우 그림을 기억하지만, 미국 어린이에게 보여주면 야구 경기를 기억할 것이다. 반면, 포커 게임의 갬블러에게 모양이 다른 그림 4장을 보여줄 경우 단 한 장의 그림조차 기억하지 못하는 경우도 있을 수 있다. 인간의 지각은 이렇듯 선택적으로 이루어지는 것이다.

지각, 자신이 원하는 대로 생각하고 있지 않을까?

태국에 귀화한 어느 캐나다인의 승용차가 중앙선을 넘어온 태국인의 승용차와 부딪치는 사고가 발생했다. 상대방의 잘못임을 입증하는 데 실패한 캐나다인은 마침 지나가던 경찰을 세우고 물었다. 몇 분간의 쓸모없는 논쟁이 오고 간 후 캐나다인은 중앙선을 가리키며 경찰관에게 물었다. "아니, 도대체 이 중앙선이라는 게 뭐요?" 이에 경찰관은 "그건 길 가운데가 어딘지를 나타내는 것이고, 사고가 길 가운데에서 얼마만큼 떨어진 곳에서 일어났는지를 알아보는 데 쓰이는 선이요."라고 대답했다. 캐나다인은 말문이 막혀버렸다. 경찰관의 중앙선의 기능에 대한 해석은 그 어떤 불문율에 의한 것일까? 만약 그렇다면 흔히 말하는 불문율이란 단지 상황에 대한 일방적 해석에 불과한 것이며, 결국 인간은 자신이 원하는 대로 지각한다고 할 수도 있을 것이다.

지각은 문화적으로 결정된다. 태국 태생의 경찰과 그곳에 거주하는 캐나다인의 경우에서 보듯이 인간은 일단 특정한 방식으로 지각을 하면, 그 이후에도 계속 같은 방식으로 지각하려는 경향이 있다. 지각의 문제점은 일관된 경향을 띠는 것이다. 인간은 이처럼 경험을 통해서 세상을 바라보는 일정한 시각을 갖게 되므로 좋은 사람, 좋은 파트너를 만나는 것처럼 중요한 것도 없다. "내가 원하는 사람은 이런 사람이다."라는 생각도 버려야 한다. 문화란 결국 개인의 경험과 세상을 보는 방식에 틀을 부여한 것일 뿐이라고도 할 수 있다.

해석, 묘사적 고정 관념의 오류?

영국과 프랑스는 오랫동안 앙숙이었다. 프랑스인은 영국인을 애매하고 위선적이며 신뢰감이 들지 않는다고 말하며, 영국인은 프랑스인을 교만하고 우쭐거리며 현실감이 부족하다고 말한다. 헌데, 양국인의 서로에 대한 해석의 관점을 달리해 보면, 영국인은 이론적이거나 보편적인 모델보다는 실용적이고 현실적인 접근을 중시한다는 이야기로도 해석되고, 프랑스인은 보편적이고 일반적인 모델을 좋아하되, 그러한 성향이 비전과 응집력을 창출해 낼 수 있다는 이야기로도 해석된다. 이렇듯 묘사적 고정 관념에는 한계가 있다.

그렇다면 협상에서 상대자에 대한 고정 관념은 득이 될 수 있을까? 아니면 실이 될까? 예로서, 한국과 일본 간의 현안에 대한 협상에서도 뿌리 깊은 고정관념이 혹시 협상 결과에 부정적인 영향을 미치고 있지는 않을까? 사실 고정 관념은 약이 될 수도 있고, 독이 될 수도 있다. 고정관념은 만약 자신이 고정관념을 갖고 있다는 것을 의식할 때에는 새로운 해석으로 상황을 이해하고 적절히 대응할 수 있게 해준다. 고정관념은 상대방이 대체로 어떠할 것이라고 묘사하는 정도에 머물러야 하며, 너무 따지거나 정죄하려는 수준이 되어서는 안 된다. 고정관념 속에는 긍정적 암시가 포함되어 있다. 인간의 눈은 수천가지 색깔을 구별할 수 있지만, 이스탄불의 가로등 색깔이 싱가포르의 그것보다 더 밝은가 따위를 따지는 법은 없을 것이다.

평가, 지각과 해석의 위험을 초과?

한 스위스 경영자가 계약서 서명을 약속한 라틴계 사장을 한 시간 넘게 기다리고 있었다. 그는 초조함 속에 라틴계 비즈니스맨들은 게으르거나 사업에 도무지 관심이 없는 족속들이라고 결론을 내렸다. 그는 은연중 "스위스 사람은 시간을 잘 지키며, 그것은 옳은 행동이다."라고 생각하면서, "라틴계 비즈니스맨들은 시간을 잘 안 지키고, 그것이야말로 나쁜 행동이다."라고 규정하고 있었던 것이다. 이렇듯 우리는 자신의 문화를 기준으로 삼아, 그와 비슷하면 정상적이고 좋은 것으로, 다르면 비정상적이고 나쁜 것으로 판단하는 속성을 갖고 있다. 하지만 그것은 위험하다.

글로벌 무대에서 똑같은 문화적 조건은 없다. 다른 문화가 모두 열등한 것도 아니다. 중동의 이슬람 국가들과 남미의 멕시코와 브라질 같은 나라에서는 기다림이 미학이다. 그러므로 이문화권에서 세련된 협상가가 되려면 상대방에 대한 일방적, 평가적 자세를 버리고 그들의 문화를 인정하는 자세를 견지하는 것이 바람직하다. 기다림은 결국 문화적 특성의 한 단면에 불과한 것이며, 기다림에 지쳤다고 짜증 내고 툴툴거려도 남는 것은 없다. 기다림은 프로를 만든다. 평가의 위험이 지각과 해석의 위험보다 더욱 강하게 의사소통에 영향을 미친다는 사실은 주목할 만하다.

이문화 협상은 노래의 가사만 외우고 멜로디는 모르는 채 공연 무대에 서는 것과 같은 것이 아니다. 멜로디는 무대의 생명이다. 멜로디가 없는 공연에는 반향도 감동도 없다. 무한경쟁 시대를 요리하는 협상가는 상대방과 그의 문화에 대한 지각, 해석, 평가의 오류를 벗어나서, 멜로디를 잘 읽는 사람이다.

'21세기형 문화지능'으로 무장하라

"미스터 리, 아무리 당신이 나의 보스지만 어떻게 이럴 수가 있습니까?"

토니 알바라도Tony Alvorado는 펄펄 뛰면서 분을 가라앉히지 않았다. 이후, 그와 나 사이의 냉기는 거의 일주일이나 지속되었다. 그는 멕시코계 입양아 출신으로 아름다운 백인 아내와 좋은 가정을 이루고, 업계에서도 좋은 평판을 지닌 넉살 좋은 세일즈맨이었기에 이렇게까지 화를 낼 줄은 정말 몰랐다. 그로서는 무언가 들킨 것 같은 생각과 더불어 기분이 나쁠 수 있었겠지만, 반발은 예상외로 컸다. 하지만 보스의 말이라면 죽는시늉까지 하는 미국인답지 않게 저리도 화를 내다니… 자신의 노트를 무심코 열어 본 것이 그토록 큰 죄란 말인가? 그래도 나는 제 보스가 아닌가? 욱하는 마음에 화가 치밀어 오르기는 피차일반이었다. 하지만 그것은 필자의 커다란 착각이었다.

파트너십과 세계현지화

위의 일화는 상사맨 시절 미국 현지법인 근무 중 저지른 실수담이다. 당시 필자는 현지인 세일즈맨과 더불어 한 거래처와 중요한 상담을 추진하던 중이었는데, 그 진행 과정이 궁금한 나머지 무심코 그의 비즈니스 노트를 열어 보았던 것이다. 그는 노발대발하며 어떻게 이럴 수 있느냐고 필자를 몰아세웠고 분위기는 냉랭해졌다. 돌이켜 보면 그 사태의 원인은 오직 일의 목적의식에 사로잡힌 나머지, 위계질서가 프라이버시Privacy에 앞서지 않는 미국인의 조직생활에 대한 시각을 바르게 인식하지 못했기 때문이었다. 그것은 단순한 갈등에서 비롯된 해프닝이 아니었다.

국제화 역량모델 중에 '이문화 간 대인감수성Cross-Cultural Interpersonal Sensitivity' 이라는 개념이 있다. 이는 문화적 배경이 전혀 다른 상대방의 사고와 감정을 깊이 이해하고 행동을 예측하는 역량을 말하는데, 당시 필자는 그러한 역량이 미흡했던 것이다. '이문화 간 대인감수성'은 '위계조직에 대한 관점' 및 '타인에 대한 긍정적 시각'과 더불어, 글로벌현지화Glocalization의 성공 및 견고한 파트너십의 구축 차원에서 필수적 자질이라고 할 수 있는 역량들이다. 세 가지에 대해서 간략히 살펴보자.

이문화 간 대인감수성

글로벌 무대에서 상대방의 문화에 대한 이해는 필수적이다. 그럼에도 불구하고, 오직 일의 목적의식에만 사로잡혀서, 상대방이 어떻게 생각하고 행동하는지에 대해서 배려하지 않는 것은 바람직하지 않다. 특히, 해외 조직에서 일할 경우에는 구미인과 아시아인 사이에 존재하는 개인과 집단에 대한 의식의 차이를 잘 인식하고 행동하는 것이 매우 중요하다. 필자가 겪은 프라이버시 문제를 둘러싼 미국인 세일즈맨과의 진통은 하나의 예이다. 이문화인에 대한 이해는 개개인의 사고와 행동을 깊이 이해하는 가운데, 좋은 파트너십을 구축하겠다는 '이문화 리더십'의 차원에서 이루어져야 한다.

위계조직에 대한 관점

글로벌 무대에서 조직에 대한 관점은 아주 다양하지만 그중에서도 위계조직에 포커스를 맞추어 본다면 다음의 두 가지 질문을 던져볼 수 있다. "위계조직은 꼭 필요한가?" 그리고 "업무효율 상 위계서열의 파괴를 용인할 수 있는가?"

위계조직의 필요성에 대해서는 한국, 일본, 중국, 인도네시아 등 아시아인들은 찬성 비중이 높지만, 미국, 영국, 독일, 네덜란드 등 구미인들은 찬성 비중이 낮다. 업무효율 상 위계서열을 파괴할 수 있는가에 대해서는 미국, 영국, 네덜란드, 스웨덴 사람들은 찬성 비중이 높은 반면, 같은 유럽에서도 독일, 프랑스, 이탈리아 사람들은 찬성 비중이 낮다. 위계조직과 위계질서에 대한 시각은 이처럼 나라마다 사람마다 다르다. 그러므로 글로벌 무대에서는 위계 조직과 서열에 대한 상대방의 관점을 잘 파악하면서 대응해야 한다. 권위 의식과 허세가 강한 한국인으로서는 더욱 그래야 한다.

타인에 대한 긍정적 시각

다음으로 꼭 명심해야 할 점은 타인에 대한 긍정적 시각이다. '타인에 대한 긍정적 시각'이란 타인의 존재와 가치를 인정하고, 그의 성장을 돕는 것이다. 가까운 중국에서의 상황을 예로 들어보자. 중국인들은 개방 초기와는 달리 단순히 유수의 외국 기업에서 일하는 것 이상으로 승진이나 교육 등 성장의 기회를 찾아서 직장을 선택한다. 그럼에도 불구하고 한국 기업들은 중국인들의 이러한 시각과 행동의 변화를 정확히 인식하지 못하고 있는 경우가 많다. 최근 중국에 진출한 한국 기업에 대한 선호도가 낮아지고 있는데, 그 이유는 중국인들의 일과 조직에 대한 시각이 크게 변하고 있기 때문이다.

글로벌 무대에서의 성공은 시장에서의 비즈니스 활동뿐만 아니라, 현지인들과의 원만한 조직생활 및 파트너십의 정착에 달려있다. 현지화에 연착륙하려면 반드시 이러한 역량을 갖추어야 하며, 그래야만 치열한 경쟁 속에서도 강자의 위치를 점하는 리더의 반열에 설 수 있다.

격동의 21세기인 지금, 바야흐로 세계인의 모습은 변하고 있다. 그리고 이제는 새로운 그림을 그려야 할 때다. 글로벌 무대에서의 협력과 공존에 대한 개념은 현저히 바뀌어야 하며, 강자의 표리부동이나 적과의 동침 속에서도 줏대 있게 대응할 수 있는 실력 또한 필요하다. 아울러 다양한 문화에 대한 심층적 이해와 더불어, 시대에 걸맞은 문화적 대응력을 갖고서 우수한 파트너들과 상생하고 더불어 성장할 수 있는 전향적인 자세를 가져야 한다. 필자는 이를 통틀어 '21세기형 문화지능'이라고 칭한다.

'21세기형 문화지능'으로 무장하라

세계화는 땅과 바다에서의 전쟁이 시작된 이래 오늘에 이르기까지, 숱한 굴곡과 변천사를 기록해왔다. 그러한 견지에서 오늘의 비즈니스 전사들에게 문화역량에 대한 이해를 거듭 강조하는 것은 지극히 당연한 일이다. 세상은 끊임없이 변모하는 가운데, 초혁신적 기술의 진화와 거대한 변화의 소용돌이 속에서 새로운 비즈니스와 시장을 창출하려는 시도와 노력들은 다양한 양상을 띠고 전개되고 있으며, 문화에 대한 심층적 이해는 아무리 강조해도 지나치지 않는다. 문화지능은 시대에 맞게 진화되어야 한다.

'21세기형 문화지능'은 초경쟁 글로벌 시대의 조직이나 시장에서 '보다 발전된 비즈니스'를 전개하고, '보다 큰 성장'을 이루기 위해서 반드시 갖추어야 할 전향적 역량이다. 21세기의 무한경쟁시대에는 인재, 기술, 자금 등 새로운 시장의 확보를 위한 진일보된 역량이 반드시 필요하며, 그러한 역량이야말로 진정한 세계인이자 협상가의 요건이라고 할 수 있다. 필자는 '21세기형 문화지능'의 핵심 내용을 다음의 5가지로 축약한다.

'21세기형 문화지능'의 핵심내용 5가지

❶ 글로벌 감각과 행동력을 더욱 강화시켜야 한다. 초경쟁 시대의 글로벌 무대에는 변동성과 이동성이 과거보다 훨씬 크므로, 장기적 관점에서 일의 결과를 예측할 수 있는 선견력과 정세의 변화를 극복할 수 있는 행동력이 더욱 요구된다.
- Forejudging & Responsiveness

❷ 문화적 차이와 특성을 고려하되, 자신의 관점을 굳게 밀고 나갈 수 있는 영향력을 발휘해야 한다. 다양한 이문화 환경에서 자신의 관점을 이해시키지 못하면 어떤 일을 해도 결과가 없다.
- Initiative & Influencing

❸ '우리'의 방식보다는 '현지'의 방식을 수용하는 세계인으로서의 유연성과 겸허함을 지녀야 한다. 다양성과 차이 속의 가치는 무한하며, 그것을 인정할 수 있어야 세련된 세계인이다.
- Flexibility & Humility

❹ 실리와 명분, 성과와 보상에 신경을 쓰되, 파트너들과 함께 가치를 공유하면서 성장할 수 있어야 한다. 미래는 자신과 동반자가 더불어 만드는 것이다.
- Shared Value & Growth

❺ 글로벌 기준과 윤리에 부합하는 비즈니스 행위 및 관계 유지에 주력해야 한다. 특히 갈등이나 위기 발생 시에는 책임성 있는 자세와 행동으로써 신뢰와 진정성을 잃지 말아야 한다.
- Ethics & Credibility

문화적 배경이 다른 사람과 비즈니스나 일을 한다는 것은 아주 어렵고 민감한 일이다. 이러한 측면에서 보면, 한국 비즈니스맨들의 글로벌 무대에서 파트너들을 상대하는 방식에는 아직도 개선할 점이 많다. 한국 비즈니스맨들의 장점은 끈끈한 유대감과 개척정신이다. 하지만 한국인들은 지나치리만큼 심하게 위기의식을 강조하는 데 비해 상대방의 입장을 잘 고려하는 데에는 약한 경향이 있다. 한국인들은 화를 잘 내며, 권위적이라는 것은 누구나 인식한다. 그것은 글로벌 무대에서 공존의 게임을 펼치려는 바람직한 파트너의 모습이 아니다. 이러한 관점에서 볼 때 '21세기형 문화지능'의 역할은 매우 중요하다.

모든 분야에서 장벽이 사라진 지금, 글로벌 무대의 전사들은 이전보다 더욱 열린 마음과 시각으로 움직이는 세계인이 되어야 한다. 일, 조직, 사람에 대한 관점을 혁신하고, 세계 속의 파트너들과 역량을 공유하고 새로운 비즈니스와 시장을 창출할 수 있어야 한다. 그것은 어설픈 국제감각이나 겉핥기식 문화에 대한 이해만으로는 부족하다. 바야흐로 세계는 질주하면서 끊임없이 변하고 있다. 이제 '21세기형 문화지능'을 무기로 삼아, 드넓은 무대를 향한 협상가로서 거침없는 행보를 이어가야 한다.

제8절

프로는 계약서로 말한다

계약서는 피와 돈이다

"신랑 우테진은 신부 최태를 맞아 사랑하고 존경할 것이며, 신부도 그렇게 할 것이다.
남편이 아내의 동의 없이 다른 여자를 취하면 아내에게 30드라크를 지불해야 한다.
하지만 남편이 아내를 더 이상 원하지 않으면
아내가 가져온 모든 물건을 돌려주고 이혼해야 한다. 아내도 마찬가지다."

서기 710년 3월 25일 작성된 이란계 중앙아시아의 소그디아나인지금의 우즈베키스탄, 타지키스탄의 혼인계약서에 기술된 내용이다. 1932년 중앙아시아 제라브샨Zeravshan 계곡 인근에서 발견된 이 계약서는 백년가약을 맺는 남녀 간의 균등한 권리와 호혜적 관계에 대해서 명시하고 있다. 그 내용에 의하면, 만약 두 남녀 중 어느 한 쪽이 변심하거나 부정을 저지를 경우에는 돈과 폐물을 변상하고 작별을 고해야 하니, 이 계약서야말로 천지사방으로 장사를 다닌 소그드상인과 수개월씩 독수공방으로 지내야만 했던 여성에게는 피와 돈 그 자체라고도 할 수 있었을 것이다. 계약서는 고난의 결과물이다.

프로는 계약서 한 장을 위해서 뛴다

세상에는 수많은 종류의 계약서가 있다. 제품이나 서비스 제공을 위한 매

매계약서, 벤처기업과 투자가 간의 신주인수계약서, 지적재산권 라이센스 계약서, 부동산 매매계약서, 연예인이나 스포츠맨의 프로모션 계약서 등 정말 다양하다. 유명 연예인이나 재벌가의 혼전계약서는 거액의 돈이나 피로 낳은 자녀의 양육권을 쟁점으로 다루기도 한다. 이러한 계약서들은 당사자들 누구에게나 소중하기 이를 데 없는 피와 땀의 결정체라고까지 할 수 있다. 물론 이 모든 계약서들이 지향하는 바는 이익, 결국 돈이다. 이러한 면에서 모든 비즈니스맨들은 일단 계약서 한 장을 잘 쓰고, 파트너의 사인을 얻어내기 위해서 뛴다고 해도 과언이 아니다.

계약은 한 국가나 개인의 문화적 단면과 비즈니스 관행을 대변한다. 계약에 대해서 철저한 서구의 비즈니스 문화는 '관계 중심'의 동양의 비즈니스 문화와 태생이 다르다. 서양인들은 권리와 의무의 세세한 국면에 대해서 세밀히 파고들지만, 동양인들은 어떻게 하면 상대방의 환심을 살 수 있을까 궁리를 한다. 비즈니스에서 사안과 관계는 전혀 별개의 문제다. 그러므로 중요한 계약을 추진할 때에는 그것을 단지 요식행위의 일부로 여기는 자세에서 탈피하여 잘 맺어야 한다.

'만약에'의 족쇄를 사용하라

협상가로서 계약을 추진할 때 저지르는 오류가 있다. 그것은 "이 정도면 충분하지!"라는 생각에 빠져서 상대방의 안을 쉽사리 받아들이는 것이다. 예를 들어 영국산 도자기 한 점을 수입하기 위한 계약서를 작성한다면, 그 속에는 거래의 일반적 조건들뿐만 아니라, 도자기의 상태, 보관 방법, 운송 중의 안전장치, 보험의 부보 등의 부수적인 사항에 대해서도 기술해야 하며, "만약 이러한 경우라면 이렇게 처리되어야 하며, 그 책임은 누구에게 있다." 라는 식의 문구 또한 포함해야 한다. '만약에if'는 문안에 숨어 있는 함정을 감지할 수 있게 해주는 좋은 장치이다.

협상가는 상대방이 제시하는 계약서의 안을 면밀히 검토해야 한다. 이 점에 관해서는 2016년에 개최된 알파고와 이세돌의 바둑 대결을 되새겨 볼 필요가 있다. 당시 구글은 여러 명의 변호사가 장기간 힘을 쏟아 작성한 세밀한 내용이 담긴 계약서 초안을 사전에 보내왔는데, 한국 측에서는 단 며칠 만에 사인을 해서 보냈다고 한다. 이는 매운 고추를 고추장에 찍어 먹는 한국인들의 성격상 당연한 일인지도 모르나, 어찌 보면 정말 안타까운 일이기도 하다. 만약, 누군가가 '만약에if'라는 관점에서 문안을 세밀히 살펴보았더라면, 그렇게 낮은 액수이세돌 승리 시 미화 백만 달러의 보상과 대국조건을 넙죽 받아들이는 오류를 범하지는 않았을 것이라고 생각된다.

불평등계약, 가급적 피하라

최근 어느 기획사와 소속 연예인들의 간의 노예계약서에 관한 기사를 본 적이 있다. 쟁점의 하나는 '전속기간 10년'을 방송활동을 시작한 후 10년으로 해석하느냐 아니냐였으며, 이로 인한 시비는 오직 성공에 대한 집념으로 노력한 젊은 연예인들에게 깊은 상처를 주기도 했다. 노예계약서도 명목상으로는 주인과 노예 간의 권리와 의무를 명시한 것이라고는 하지만, 노예는 일단 계약서에 서명한 후에는 주인에게 완전히 복종해야 하며, 불복 시에는 처벌이나 보상을 감수해야 한다는 점에서 이는 완전한 불평등 계약이라고 할 수 있다. 불평등 계약은 가급적 피해야 한다.

불평등 계약의 또 다른 예로서 스타트 업Start-up과 투자사 간의 신주인수계약서가 있다. 이 경우 자금을 공여하는 투자사의 입장은 '갑'인 경우가 대부분이고, 기업의 입장은 '을'인 경우가 대부분이므로, 불평등의 요소는 당연히 따르게 마련이다. 갑은 부당한 회계실사권의 행사나 경영활동에 대한 간섭을 행하면서도 일체의 책임을 지지 않으려 하므로, 신주인수계약서를 체결할 때에는 흔히 말하는 '독소조항'을 포함한 모든 조건을 면밀히 챙기지 않으면, 훗날 낭패를 볼 수가 있다. 불평등 계약은 기업 사냥꾼들의 전용물이기도 하다.

프로에게 계약서는 피와 돈이다. 그것은 쌓은 실력과 내공의 결정체다. 협상자로서 어느 분야에서든 원치 않는 족쇄로 인해 외롭게 싸우지 않으려면 계약서를 잘 써야 한다. 소그드인들을 보라! 그들은 혼전계약서는 물론 아무리 사소한 일상생활에서의 일에 대해서도 세밀히 계약서를 작성했다고 하지 않는가? 계약은 파트너 간의 약속이자 미래를 담보하는 징표이다. 그 어느 경우든 실효성은 당사자 간의 신뢰성에 의해서 좌우되겠지만, 일단 계약서는 완벽히 작성해야 한다. 아울러 필요시에는 기존 합의에 의한 계약의 효력을 유지하되, 상위의 개선안 도출에도 힘을 기울여야 한다. 계약서는 피와 돈이다.

'비즈니스 마인드'와 '리걸 마인드'를 조화시켜라

프랑스의 루브르 박물관에 가면 "나라 전체에 정의가 뻗게 하기 위해서, 악행을 박멸하기 위해서, 강자가 약자를 학대하지 못하게 하기 위해서"라는 취지로 만들었다는 바빌로니아 시대의 함무라비 법전B.C.1728~1686이 새겨진 돌기둥 모양의 석판을 볼 수 있다. '눈에는 눈'이라는 구절이 포함된 총 282조의 함무라비 법전은 세계 최초의 법전인 수메르 법전보다 3세기 늦게, 그리고 세계 최초의 계약서인 수메르인의 점토판 계약서보다 약 1300년 늦

최초의 성문법을 기록한 바빌로니아 시대의 함무라비 법전(B.C. 1772)

게 만들어진 것이다. 함무라비 법전에는 품질이 나쁘거나 이물질이 섞인 맥주를 팔다가 걸리면, 술통에 집어넣고 맥주를 들이부어 익사형에 처한다는 기록도 있다. 이렇듯 인간은 도덕과 질서를 추구하는 법의 세계와 실리를 추구하는 현실세계 간의 괴리를 조화시키기 위해서 여러 문제들을 계약으로 다뤄왔다.

현상과 당위, 세상의 두 얼굴

세상만사는 두 가지 모습을 띠고 있다. 그 하나는 눈을 뜨고 바라보는 '현상Be'의 세계이고, 또 다른 하나는 마땅히 이루어지기를 바라는 '당위Must'의 세계이다. 흔히 말하는 현실과 이상의 세계가 그것들이다. 이 두 가지 세계는 서로 모순이나 대치의 국면에 처하기 마련인데, 그러한 상황에서 발생하는 괴리감을 좁히고 타협된 내용들을 명기하는 것이 곧 계약이다. 계약은 합의된 내용을 적절한 틀에 맞추어 기술한 것이지만, 냉철히 말하면 '피'와 '돈'을 쟁취하거나 지키려는 노력의 결정체이기도 하다.

그렇다면 현상과 당위 중에서는 어느 것이 우선일까? 현상을 바라보아야 함에도 당위에 빠져 있거나, 당위를 중시해야 함에도 현상에 급급하고 있지는 않은가? 현상과 당위를 조화시키는 문제는 그들 중 어느 한 가지 관점에 얽매이는 것이 아니라, 다양한 논점을 융합, 창출하는 역량의 문제이다. 비즈니스라는 현실 세계에서의 냉혹함과 실천적 의미에 대한 해석은 당사자와 상황에 따라 다를 수 있다. 규범의 타당성에 대한 근거 또한 분분할 수 있다. 그러므로 현상과 당위의 융합을 위해서는 '비즈니스 마인드Business Mind'와 '리걸 마인드Legal Mind'를 조화시키는 능력과 센스가 필요하다.

'비즈니스 마인드'와 '리걸 마인드'의 조화

비즈니스 마인드와 리걸 마인드란 무엇인가? 일반적으로 비즈니스 마인드는 원하는 성과를 창출하기 위해서 필요한 전략적 사고, 역량, 정보, 인맥 등을 활용하는 능력을 의미하며, 단순히 '영업 마인드'의 의미로 말하는 경우도 많다. 이와는 달리, 리걸 마인드는 법 이론을 정확하게 이해하고 그것을 현실에 적용할 수 있는 능력을 의미한다. 단순히 '법적 사고력'으로 이해하면 될 듯하다. 비즈니스 마인드는 현실성에 기초하고, 리걸 마인드는 당위성에 근거한다.

비즈니스 마인드와 리걸 마인드 간의 괴리와 거리감은 크다. 비즈니스 마인드는 '현상'을 유리하게 만들려고 하는 것인 반면, 리걸 마인드는 '당위'를 관철하려는 것이기 때문이다. 하지만 이와 같이 유리된 접근에 의해 지배될 경우, 원하는 만큼의 내용을 담은 계약을 성사시키기는 쉽지 않고, 어려운 분쟁이나 갈등 국면에서의 합의도 기대하기 어렵다. 조정과 타협의 능력은 결국 이 두 가지를 조화시키는 능력이다.

비즈니스에서의 계약은 당사자 간의 의사표시를 일치시키는 것이다. 영미법에서는 계약을 '약속'으로 정의하며, 독일과 한국에서 적용되는 대륙법에서는 계약을 '합의'라고 정의한다. 계약을 약속이라 여기든, 합의라고 여기든 간에 현실에서는 큰 차이가 없다. 다만 중요한 것은 계약이나 합의의 추진 시에는 현실과 이상 사이의 가늠자를 잘 조정하면서 최적의 합일점을 찾는 것이다. 무한경쟁의 시대를 이끄는 프로가 되려면, 비즈니스 마인드와 리걸 마인드를 조화시키면서 계약을 잘 맺어야 한다.

전문가를 과신하지 말라

"내 후임자에게 맨 먼저 충고해 줄 말이 있소.
그것은 장군들을 예의 주시할 것,
그리고 군인이라는 이유만으로 군사 문제에 대한 그들의 의견이
마치 굉장한 가치가 있을 것이라고 말하는 것을 경계하는 것입니다."

미국의 제35대 대통령 존 에프 케네디John F. Kennedy, 1917~1963가 어느 언론인과의 대화 중 한 이 말은 그가 얼마나 장성들을 신뢰하지 않았었는지를 여실히 보여준다. 케네디의 말은 역전의 용장인 군사전문가들의 입장에서 보면 모욕적일지 모르겠으나, 쿠바를 장악하려던 피그만 침공1962년 4월의 완벽한 실패로 군과 정보기관의 무능함을 절감한 그에게는 당연한 것이었다. 케네디의 이러한 자세는 구소련에 의해서 야기된 '쿠바 미사일 위기1962. 10.14~10.28' 시 군부의 '선제공격' 주장을 물리치고, '해상봉쇄령'이라는 제3의 카드로써 막후 협상과 대치의 숨 막히는 드라마를 연출하면서 핵전쟁의 위기를 막을 수 있게 하였다. 케네디의 용기와 결단은 2차 세계대전 당시 해군 장교로서의 실전 경험과 특정 전문가에 의존하지 않은 그만의 냉철함에 의한 것이었다.

전문가, 오류와 한계?

지금은 전문가의 시대이다. 전문가의 시대에는 나 자신이 먼저 전문가가 되어야 하지만, 필요시에는 전문가의 조력도 얻어야 한다. 전쟁이나 비즈니스의 막중한 국면에서는 더욱 그렇다. 그러면 전문가의 견해에는 문제가 없을까? 1962년 발생한 미군의 피그만 침공은 그에 대한 답을 준다. 당시 미국의 군軍과 정보기관은 반 카스트로 세력의 중심지인 피그만 지역에서 작전을 전개할 경우 승리는 보장되어 있다고 장담했지만, 정보는 실상과 어긋났고 작전은 실패로 돌아갔다. 이는 전문가의 판단에도 오류와 한계가 있음을 극명히 보여준 사례이며, 이후 벌어진 쿠바 미사일 위기에서도 군, 정보기관 등 전문가들의 주장에는 한계가 있었음이 드러났다.

전문가의 의견을 넘어서야 하는 데에는 이유가 있다. 필자는 과거 다양한 무역 분쟁의 타결 과정에서, 그리고 경영을 책임지던 기업의 경영권을 둘러싼 소송 과정에서도 전문가들의 의견을 구한 적이 있었지만, 그 어느 경우든 협상자로서의 최종적인 결단과 책임은 스스로의 몫임을 절감하곤 했다. 물론 법규의 개념과 해석 및 판례 등에 대해서는 전문가의 조언을 참고해야 하지만, 핵심 논점에 관한 전략적 판단과 그에 대한 책임은 결국 자신에게 있음을 알게 되었다. 협상자로서 위기 상황에서 중요한 것은 내 주장의 칼날을 바로 세우고 그에 대처하는 것이다. 그것은 소름 끼칠 정도의 담대함을 요구하는 것이다.

상사맨으로서 미주법인에서 근무하던 시절, 중미의 과테말라에 출장 중이었던 필자는 우연히 사무엘 제머리Samuel Zemurray, 1877~1961라는 이름의 사업가에 대해서 알게 되었다. 러시아의 이민자 출신으로 '바나나맨Bananaman'이라는 애칭을 가졌던 그는 중미를 거점으로 한 바나나 무역으로 거부가 된 사람이다. 그는 대공황 시절, 자신의 소유였던 '유나이티드 프루트사'의 주가가 10분의 1로 급락하자, 전문가나 학자들의 보고서보다는 항구의 선장 및 과일상들의 의견을 토대로 바나나선박의 연료비를 절감, 추락한 주가를 6개월 만에 반등시키는 데 성공했다. 그의 비즈니스 신조는 '현장 중심', '지나치게 머리를 쓰지 않는 것'과 '전문가를 과신하지 않는 것'이었다.

사무엘 제머리(Samuel Zemurray, 1877~1961).
'바나나맨'으로 알려진 그의 비즈니스 원칙 중의 하나는 전문가를 과신하지 않는 것이다.

전문가와 협상가 사이에는 그어야 할 선이 있다. 전문가를 과신하지 말라는 이야기는 '독재적 결정자'가 되라는 말이 아니라, 주변의 다양한 의견을 고루 청취하는 '협력적 결정자'가 되라는 말이다. 협상자로서 가장 위험한 것 중의 하나는 결단이라는 미명 아래 위험한 독단의 길을 걷는 것이다. 전문가라고 해서 모든 문제에 대한 답을 줄 수는 없음에도 그의 이야기를 참고로 하는 것은 당연한 일이겠지만, 다만 중요한 것은 그에 대한 과도한 의존으로 기울지 않는 것이다. 과신과 현실은 크게 다를 수 있기 때문이다.

전문가의 한계는 시장, 정보, 혹은 사람에 대해서 편향적인 사고에 머무르는 것이다. 전문가로서 아무리 특정 분야에 정통하다고 할지라도, 그의 주장이 완벽하다거나 그걸 따르는 데 위험이 없으리라는 법은 없다. 전문가가 갖는 권위, 그로부터 야기되는 편향과 오류는 눈앞에 보이지 않는 천국과 지옥에 대해서도 쉽사리 판단하거나 주장하게 만들 수 있다. 전문가는 전문가일 뿐, 협상은 자신이 하는 것이니 과신은 금물이다.

◇◇◇

협상은 실리와 명분, 논리와 정서를 다루는 게임이자 예술이다. 협상 시 의사소통에서 가장 중요한 것은 컨텍스트Context를 이해하는 것이다. 노련한 협상가는 의사소통 시 대립과 교감의 양날을 쓰며, 상대방의 감정과 태도, 신뢰와 사실에 집중한다. 그는 가슴으로 듣고 눈으로 말하며, 가장과 시치미에도 능숙하다. 협상가의 설득은 이성보다 감성에 의해서 이루어져야 하며, 때로는 단호함으로 때로는 침묵으로 대응할 수 있어야 한다. 초경쟁 글로벌 시대, 협상의 당사자들은 협력의 성과는 배반의 성과보다 우월함을 인식하고 의사소통을 전개해야 한다. 의사소통의 달인이 협상의 달인이다.

제4장

커뮤니케이션의 달인이 되라

훌륭한 의사소통은 블랙커피처럼 자극적이며,

후에 잠들기 어렵다.

앤 모로우 린드버그(Anne Morrow Lindberg, 1906-2001)
미국의 여류 작가, 수필가

제9절

감정과 태도, 신념과 사실에 집중하라

컨텍스트를 이해하라

어느 다국적 기업의 경영자가 영국인, 프랑스인, 독일인 세 사람을 모아 놓고, '낙타에 대한 연구보고서'를 작성 후 제출하라고 지시를 했다. 이에 영국인은 즉시 사막으로 떠났고, 프랑스인은 동물원으로 향했으며, 독일인은 도서관으로 갔다는 이야기가 있다. 그 이야기는 곧 영국인은 현실적인 경험과 행동을 중시하고, 프랑스인은 과학적 합리성과 감각을 저울질하며, 독일인은 관념적 탐구와 결과에 대한 집착이 강하다는 의미를 내포한다. 인간의 행동은 이처럼 나라와 민족에 따라 다르며, 그 속에는 고유의 문화와 그것을 이루는 가치관, 태도, 행동 등이 뒤섞여 있다. '낙타에 대한 연구보고서'에 대한 해석도 의사소통의 내용과 의미를 좌우하는 컨텍스트에 따라 다르다.

의사소통은 맥락의 이해에서부터

흔히 문화를 알아야 세계인이라고 한다. 문화는 한 개인의 신념, 지식, 기술, 개성, 윤리관, 비즈니스 스타일 등 다양한 형태로 표출된다. 문화에 대한 해석에는 다양한 접근이 있으나, 대체로 한 개인의 행태를 지배하는 문화는 의사소통Communication, 힘Power, 집단성Collectivity, 구조Structure, 시간Time 등 다섯 가지 변수들의 유기적인 결합에 의해서 형성된다. 이들 중 의사소통은 고맥락과 저맥락, 힘은 계급과 평등, 집단성은 개인이냐 조직이냐, 구조는 예측 가능성 여부, 그리고 시간은 특정 시점을 기준으로 하는가 아니면 연대기적 흐름을 고려하는가 등으로 구분되는데, 이들 중에서 가장 우선적인 것이 바로 의사소통과 그 속에 담긴 맥락, 즉 컨텍스트Context이다.

컨텍스트에는 고맥락High Context과 저맥락Low Context의 두 가지가 있다. 한국, 중국 등 아시아권 사람들의 컨텍스트는 고맥락이며, 미국, 유럽 등 서구인들의 컨텍스트는 저맥락이다. 고맥락은 인연과 감정에 치우치는 성향이 높으며, 저맥락은 합리와 이성에 호소하는 성향이 강하다. 한국인 특유의 후끈

문화의 연속변수(Continuum of Cultural Variables)
가장 우선적 요소는 의사소통이며, 그 맥락의 차이를 이해하는 것이 중요하다.

달아오르는 기질이나 냄비근성은 고맥락의 아주 특별한 예이다.

서구인들의 계약문화는 저맥락의 전형이다. 중동지역인들의 경우는 그 지리적·역사적 위상 때문인지 고맥락과 저맥락이 혼재되어 있는 듯하다. 1980년 9월 발트하임 유엔 사무총장은 인질사태로 야기된 분쟁의 해결사 역할을 자임하면서 이란의 수도 테헤란에 도착 후 성명을 냈다. 그는 "나는 미국과 이란 간의 '타협Compromise'을 위한 '중재자Mediator'로서 귀국을 방문하러 왔습니다."라고 말했는데, 이는 예기치 않은 폭동을 불러일으켰다. 페르시아어로 '타협'은 '공존할 수 없는 해결'을, '중재'는 '간섭'을 의미하는데, 만약 발트하임이 이를 알았더라면, 폭동은 일어나지 않았을 것이다.

컨텍스트는 다양성의 가치와 혼란을 높여주기도 한다. 예를 들어 프랑스인들은 이러쿵저러쿵 말이 많은 경향이 있는데, 이는 그들 특유의 컨텍스트 때문이다. 프랑스인들은 옛날 로마 군대가 어느 지역에 쳐들어왔을 때도 장기간 열띤 토론에 빠진 나머지 그 지역이 함락된 것을 몰랐다는 소리까지 있을 정도이다. 프랑스인들 특유의 컨텍스트는 다양성의 가치를 높이는 '톨레랑스Tolerance'라는 말로서 의미 있게 평가되기도 한다.

협상은 개인, 기업, 국가 간에 이루어지는 의사소통의 과정을 통해서 그 어떤 결실을 맺는 것이라고 할 수 있다. 협상 시 의사소통에서 가장 중요한 것은 거리감과 맥락을 잘 유지하되, 상대방의 의중 또한 깊이 헤아리는 것이다. 거리감은 서먹서먹하거나 친숙함이 느껴지지 않는 상태를 의미한다. 거리감과 맥락을 이해하면 상대방의 마음을 읽을 수 있다. 노련한 협상가는 걸으로의 말이나 행동에 집착하지 않는다. 협상에서의 승리는 컨텍스트를 잘 읽는 사람, 곧 맥락을 읽고 장벽을 허무는 자의 것이다.

단호하라

"우리 함께 국왕을 위해서 일하지 않았던가,
군주의 분노는 곧 죽음이라는 것을 자네도 알고 있지 않은가?"
"그것이 전부인가? 그렇다면 자네와 나 사이에는 아무런 차이가 없네.
내가 오늘 죽는다면 자네는 내일 죽게 된다는 차이가 있을 뿐이지"

토마스 모어는 대의를 향한 기개와 소신을 지닌 인물로서 성자로 추증되었다.

토마스 모어Sir Thomas More, 1478~1535, 그는 단호했다. 『유토피아Utopia』의 저자이자 영국사의 거목이었던 그는 국왕 헨리 8세와 앤 불린의 결혼과 그들 사이의 자녀를 후계자로 한다는 왕위계승법 및 영국교회의 로마 교황청과의 결별에 반대한 이유로 참수형을 선고받았다. 그는 죽기 바로 전날 국왕의 명령으로 자신을 회유하러 온 친구 노포크 공작에게 자신의 뜻을 굽힐 의사가 없음을 분명히 했다. 그는 "내 양심은 나에게 국왕의 후계자에게 충성할 것을 맹세하게 하지만, 국왕의 대주교권을 인정하는 것은 내 영혼이 영원히 저주받는다 할지라도 서약할 수 없습니다."라는 글로써 이미 자신의 생각을 밝힌 적이 있었다. 그는 악마와 부친 중 누구를 변호해야 하는가라는 질문에 대해서 만약 악마의 말이 옳다면 그를 변호해야 한다고까지 말했던 사람이다.

단호함, 유연성에 영민함을 더하라

필자는 토마스 모어의 '단호함Decisiveness'을 좋아한다. 아니 숭상한다. 그 이유는 그가 유명한 정치가이자 대법관이었기 때문이 아니라, 그는 정말 단호한 사람이었기 때문이다. 흔히 단호함을 일종의 고집스러움 정도로 받아들이는 경우가 많은데, 단호함이란 그 어떠한 가치에 대한 굳건한 믿음, 또는 의사결정과 행동에서의 분명함을 가리키는 것이다. 단호함이란 외통수나 외곬수에 의한 일방적인 행태를 의미하는 것이 아니라, '유연한 사고와 영민한 판단을 근거로 표출되는 명쾌한 행동양식'을 의미한다. 토마스 모어의 단호함, 국왕과 친구 및 가족들의 회유와 호소에도 굽히지 않은 그의 소신은 젊은 시절 그가 몰두한 문학과 폭넓은 교유, 그리고 평생을 몸에 걸친 수도사의 복장 속에서 나온 것이라고 생각된다. 단호함은 유연성과 영민함의 산물이다.

세상은 냉혹하다. 이 세상의 모든 비즈니스와 관계가 '가치'와 '영향'의 문제를 안고 있지만, 현실이라는 냉혹함 앞에서는 '상생'과 '타협'을 들먹인다. 하지만 협상을 그저 적당한 수준의 타협이라고 생각해서는 안 된다. 정말 수용할 수 없는 경우라면 물러서는 데에도 한계는 있어야 한다. 설사 죽기보다 더한 상황에 처하더라도 자신만의 분명한 생각이나 소신, 나아가 사상이나 철학까지 완전히 양보해야 한다면 그는 정말 훌륭한 리더나 협상가라고 할 수 없다. 단호함이 없는 영민함이란 꿀 없는 빵과 같은 것이다.

비즈니스에서나 인간관계에서나 어려움은 항상 따른다. 시련의 때에는 거짓과 가짜가 횡행하고 유혹을 한다. 하지만 협상 테이블에서 얼굴을 맞대야 하는 파트너와의 관계에서 오직 "좋은 것이 좋다."라는 식의 발상이나 행동만으로는 원하는 것을 얻을 수 없다. 협상가의 덕목은 개방성과 유연성이다. 허나 그에 앞서 의사결정이나 행동에서의 단호함이 엿보이지 않는다면, 그는 이미 자신도 모르게 상대방의 페이스에 말려들고 있는지도 모른다. 협상가는 개방적이고 재치가 있되, 영민하고 단호해야 한다.

가장과 시치미의 달인이 되라

이중간첩은 적에게 회유당하거나 넘어간 후 아군의 간첩인 것처럼 행동하면서, 아군의 정보를 빼내어 적에게 제공하는 간첩이다. 역사상 유명한 이중간첩으로는 나치를 농락한 금고털이 출신의 영국 스파이 에디 채프맨, 노르망디 상륙작전에 대한 거짓 정보를 흘려 2차 세계대전의 승리에 기여한 배우 출신의 영국 스파이 후안 푸욜 가르시아, 팜므 파탈Femme Fatale의 대명사인 네덜란드계 독일 여성 스파이 마타하리 등이 있는데, 이들의 공통점은 상대국 정보기관의 신뢰를 얻기 위해서 고급 정보를 제공하되, 최고의 연기력을 발휘했다는 점이다. 그들은 가장 중요한 정보를 넘겨주면 오히려 이용만 당하게 되고, 너무 가치 없는 정보

올가 체코바(Olga Chekova, 1897~1980), 구 소련 출신 미모의 독일 여배우
희귀병에 걸린 딸의 치유를 위해 간첩이 된 후, 독일의 선제공격 정보를 얻어낼 정도로 히틀러의 마음을 사로잡았다.

를 넘겨주면 쓸모없는 인간으로 취급받을 수 있다는 것을 잘 아는 '가장'과 '시치미'의 달인들이다. 거짓과 진실을 오가며 비밀을 관리하는 그들의 삶은 협상 테이블에서도 참고할 만하다.

시뮬레이션과 디스시뮬레이션

프랜시스 베이컨(Francis Bacon, 1561~1626) 가장과 시치미의 미학을 다룬 영국의 철학자, 인간의 4가지 우상과 경험론의 주창자이다.

'가장'과 '시치미'하면 영국의 철학자이자 정치인이었던 프랜시스 베이컨Francis Bacon, 1561~1626의 수필 「시뮬레이션Simulation과 디스시뮬레이션Dissimulation」이 떠오른다. 시뮬레이션은 실제로 생각하고 행동하는 것처럼 위장하는 것이며, 디스시뮬레이션은 감정이나 목적을 숨기기 위해서 위선·위장하거나 속임수를 쓰는 것이다. 베이컨의 후배 격인 영국의 극작가 리처드 스틸Sir Richard Steele, 1672~1729은 "시뮬레이션은 그렇지 않은 것에 대한 '허풍'이며, 디스시뮬레이션은 존재하는 것에 대한 '은폐'"라고 말했다. 가장과 시치미, 허풍과 은폐에는 유용성과 한계가 있다.

먼저 두 개념의 유용성은 첫째, 동기와 행동을 위장하는 데 도움을 주는 것, 둘째, 상대방으로 하여금 그릇된 믿음을 갖게 하는 것, 셋째, 상대방으로 하여금 자유롭게 말할 수 있는 분위기를 조성하며 서로를 한 마음이라고 생각하게 만드는 것 등이다. 반면 이 두 개념의 한계는 첫째, 상대방의 자긍심을 건드림으로써 협력 의지를 약화시킬 수 있다는 점, 둘째, 신뢰와 믿음이라는 최고의 무기를 서로 상실할 수 있다는 점, 셋째, 자칫하면 일을 그르칠 수 있다는 점 등이다. 시뮬레이션·디스시뮬레이션 전략은 이러한 유용성과 한계를 고려하여 적절히 사용하면 협상 국면의 공세와 수세 양면에서 효과를 볼 수 있다.

최상의 구성과 온도를 유지하라

시뮬레이션·디스시뮬레이션 전략은 상대방을 잠들게도, 잠에서 깨우게도 한다. 이 전략은 만약 그 의도가 감지될 경우에는 강한 적개심을 불러일으킬 수도 있다. 이 전략의 위험은 명시적 선언으로 인해서 상대방으로 하여금 완전히 설득되기보다는 협상 테이블을 떠나게 만드는 것이다. 시뮬레이션·디스시뮬레이션 전략은 신뢰와 명성을 추구하되 개방성을 지닌 사람이라면 불편함이나 두려움 없이 활용할 수 있다. 이 전략의 핵심은 두 가지의 비중과 강도를 조절하는 것, 즉 최상의 배합과 분위기를 염두에 두는 것이다.

스페인 속담에 "거짓말을 하고 진실을 찾으십시오Tell a lie and find a troth."라는 말이 있다. 시뮬레이션과 디스시뮬레이션, 즉 가장과 시치미는 말의 자유를 사고의 자유로 바꿀 수 있게 해주며, 승패의 기운까지 감지하고 대응할 수 있게 해준다. 협상자로서 자신을 여는 사람은 불리한 표정을 짓지 않으면서도 상대방의 수를 잘 읽는 사람이다. 노련한 협상가가 되려면 언제 무엇을 말하고, 언제 무엇을 말하지 않아야 할지를 확실히 아는 가장과 시치미의 달인이 되어야 한다.

여성성을 키워라

미국 미주리주州에 소재한 거래선 중에 캐롤 앤더슨Carol Anderson이라는 중년의 여성이 있었다. 그녀는 만날 때마다 어린아이같이 순수한 웃음을 지으며 잔잔한 분위기를 자아내곤 했다. 그녀의 훤칠한 키와 금발을 쓸어내리던 긴 손은 잔잔함에 시원함을 더했다. 그녀는 가벼운 제스처로 시선을 끌며 협상에 응했는데, 그녀의 논리와 주장은 빈틈이 없을 정도였다. 그녀와 나는 서로의 입장을 내세우며 부딪쳤지만, 대립의 기운은 좀처럼 수그러들지 않았다. 결국 우리는 우여곡절 끝에 약간의 아쉬움을 안고 현안에 대한 합의에 도달했으며, 반복적인 협력의 시도가 얼마나 중요한지에 대해서도 공감했다. 그녀는 잘 단련된 협상의 고수이자, 훌륭한 파트너 중의 한 사람이었다.

여성 협상가, 관계지향성과 섬세함

협상의 고수 중에는 여성들도 많다. 그것은 여성 특유의 관계지향성과 섬세함 때문인 듯하다. 예컨대 독일 총리 앙겔라 메르켈, 영국의 전 총리 마가

렛 대처와 현총리 테레사 메이, IMF 총재 크리스틴 라가르드 등은 유럽이나 자국의 경제를 둘러싼 이해관계를 조율하는 데 정말 고수들이다. 한국과의 통상 현안을 다루는 미국 무역대표부의 협상 주역으로 여성들이 연이어 등장했던 것도 주목할 만하다. 역사적으로도 이집트의 클레오파트라, 중국의 측천무후, 영국의 엘리자베스 1세, 러시아의 에카테리나 2세 등은 모두 뛰어난 협상가들이었다. 여성 협상가 중에는 해적 두목도 있었다. 이들은 모두 버티기와 유연성의 달인들이기도 하다.

영국 여왕 엘리자베스 1세(1533~1608)
'여인의 몸'에 '국왕의 심장'을 지녔다. 여러 정파를 능란하게 견제했고, 거리의 여인이 건네는 꽃다발을 먼저 받을 정도로 사람의 마음을 휘어잡는 데 능숙했다.

여성은 교감 능력이 남성보다 우수하다. 여성은 자신을 위한 협상에서는 남성에 비해 자신을 덜 옹호하지만, 다른 사람을 위해서 협상을 할 때에는 남성 못지않은 적극성을 발휘한다. 영주領主인 남편의 과도한 세금 징수에 항거하면서 알몸으로 말을 타고 거리를 돌아다니던 코벤트리영국 워릭셔주의 고다이바Godiva 부인 이야기는 바로 그러한 예이다. 이러한 일들은 여성 스스로를 위한 주장을 펼치려는 의지와 상충하는 면이 있지만, 여성은 자신을 심리적으로 고무시키면서 당당하게 협상에 임할 수 있다는 점을 극명히 설명해 준다. 여성은 협조적이라는 인식은 여성은 남성에 비해서 유약하다는 편견에 대한 반발 의식에서 야기되는 것이 아니다. 그건 억지가 아니라 사실이다.

협상가로서 여성의 면모에는 근거가 있다. 여성의 존재란 본시 사랑의 대상인 연인으로서, 비즈니스의 조용한 내조자로서, 혹은 인생이라는 거친 항해의 동반자로서의 위치를 점하지만, 세상을 이끄는 힘은 남성들 못지않다. 여성은 소울메이트Soulmate로서의 자질이 탁월하며, 여성들 가운데 협상의 고수가 꽤 있는 이유도 바로 그 때문이다. 과학적으로도 에스트로겐Estrogen을 분비하는 여성은 테스토스테론Testosterone을 분비하는 남성보다 협상가 기질이 더 우수하며, 가정에서의 중요한 판단과 경제 운용의 아이디어도 여성의 머리에서 나오는 경우가 더 많다. 여성 특유의 관계지향성과 섬세함, 버티기와 유연성은 협상의 고수가 되려는 사람들이 충분히 참고할 만하다.

여성 협상가, 시대의 요구

세계 최대의 인터넷기업 구글은 최근 미국 백악관 관료 출신의 협상 전문가 캐럴라인 앳킨슨63세을 영입했다. 앳킨슨은 조용한 막후 협상가라는 평가를 받고 있는데, 그녀의 영입 목적은 각국에서의 비즈니스 활동에서 야기되는 분쟁과 갈등에 대처하고 교섭력을 높이기 위한 것이다. 구글은 최근 EU 지역에서 벌어지고 있는 반독점 소송, 정보공유협정 무효화, 암호화 기준 완화 요구 등의 현안으로 갈등을 빚어왔다. 초경쟁 글로벌 시대이자 IT 혁명의 시대인 오늘날 여성 협상가의 역할은 경제, 통상 분야 등 국가 단위의 현안에서뿐만 아니라, 문화, 예술, IT 산업 등 여러 분야에서 나타나고 있다. 필자는 비즈니스 캐쥬얼에 서류 뭉치를 들고 협상에 임하는 여성 비즈니스인들에게 찬사를 보내고 싶다.

여성의 부드러운 카리스마는 협상 테이블에서의 거부감을 희석시키는 데 적합하다. 여성 특유의 버티기와 유연성은 상대방의 마음을 흔들리게 한다는 것 또한 참고할 만하다. 뛰어난 화술과 외국어 구사력에 그러한 특성들을 겸한다면 그야말로 고수라는 말을 들을 것이다. 여성이 요구에 약한 측면은 있다. 하지만 여성의 온화함과 차분함 속에 감춰진 협상가로서의 굳건한 자질을 겸비한다면, 누구라도 노련한 협상가가 될 수 있으리라 생각한다.

스스로의 함정에 빠지지 말라

"매월 1회씩 만나서 포커 게임을 하되,
그날의 승자는 생맥주와 통닭구이를 사기로 한다."

학창 시절 친구들과 이러한 서약을 해보지 않은 사람은 없을 것이다. 헌데 문제는 "과연 이번에는 내가 친구들을 즐겁게 해줄 수 있을까?"라는 강박감이나 "철수라는 녀석, 이번에도 판돈을 쓸어가겠지"라는 고정 관념에 사로잡힌 나머지 정작 게임에 들어서는 카드의 패를 잘 읽거나 대응을 하지 못하는 것이다. 더욱 문제가 되는 것은 여태껏 잃은 돈에 대한 미련과 아쉬움인데, 그것처럼 패착의 원인이자 함정이 되는 것도 드물다. 협상을 하나의 게임이자 심리전이라고 생각한다면, 이러한 유형의 함정은 의사결정 과정에 지대한 영향을 미칠 수도 있다. 협상가로서 똑같은 생각과 행동을 반복하면서 다른 결과가 나오기를 기대하는 것보다 어리석은 것은 없다.

오류와 편견의 함정들

협상가로서 반드시 유의해야 할 것이 있다. 그것은 복잡다단한 의사소통 과정에서 스스로 놓는 함정Trap에 빠지지 않는 것이다. 그것들은 모두 자신도 모르는 가운데 스스로의 세계에 함몰되거나 확신을 하는 데에서 비롯된다. 예컨대 포커 게임에 등장하는 플레이어 중의 한 사람이 귀부인이나 귀공자라면, 그들은 마땅히 돈이 아주 많을 것이라고 여겨질 수 있다. 또한 지난번 갬블에서 이겼으니, 이번에도 반드시 이길 것이라는 착각에 빠지게 할 수 있다. 하지만 그들은 오히려 지난번에 잃은 돈을 만회하려고 하거나 혹여 남편의 사업 실패 때문에 사라진 돈의 일부를 회수하려고 무리수를 두고 있는지도 모른다. 그들은 아예 생각보다 돈이 없을 수도 있다.

협상 과정에서 자아지향적 함정에 빠지는 것은 위험한 일이다. 그것은 상대방이나 자신이나 마찬가지이다. 협상가로서 이미 한 말을 되돌리거나 주워 담기에는 시간과 상황이 허락하지 않으므로 그러한 함정에 빠지는 것처럼 어리석고 손해나는 일도 없다. 흔히 말하는 세 가지 함정Three Commitment Traps에는 '확신의 함정', '일치의 함정', '비용의 함정'이 있는데, 각각에 대해서 간략히 정리하면 다음과 같다.

'확신의 함정Confirmation Trap'은 기존의 정보나 데이터를 그대로 신봉하는 것이다. 이를테면 "그는 원래 능력 있는 세일즈맨이니까 이번에도 좋은 실적을 낼 거야", "그 사람은 원래 부자니까 지금도 돈이 많을 거야"라고 이전과 다름없는 확신을 갖는 것이다. 하지만 세월과 환경이 그들의 진면모와 주머니 사정을 바꿔 놓았을 수도 있음을 고려해야 한다.

'일치의 함정Consistency Trap'은 예컨대 경마에서 특정한 경주마에 돈을 건 사람이 '내가 건 말이 반드시 경주에서 이길 것'이라고 믿는 것과 같은 것이다. 비즈니스에서도 지난번에 잘 되었으니, 이번에도 염려할 일이 전혀 없을 것이라고 생각하는 경우는 허다하다. 하지만 희망사항과 실현 가능성은 항상 별개임을 기억해야 한다.

'비용의 함정Sunk Cost Trap'은 이미 써버린 비용이나 시간, 또는 에너지 때문에 애간장을 태우거나 속상함에서 벗어나지 못하는 것이다. 돈이란 비즈니스의 목적이자 생명이니 본전 생각보다 절실한 것도 없을 것이다. 하지만 이미 날아간 새를 보고 울어봐야 소용없는 짓이다. 협상의 고수가 되려면 예리한 판단과 결정에 근거해 수手를 던지되, 사람과 환경은 언제라도 바뀔 수 있다는 점에 유념해야 한다.

협상은 곡예와 같다. 매 국면 엎치락 뒤치락에 아슬아슬하기도 하다. 상대방에게 영향을 주기 위해서라면 모든 수단을 동원하려고까지 한다. 하지만 그보다 중요한 것은 상대방과 자신의 기대 수준이나 제약조건을 잘 감지하면서 매 순간의 결정과 행동에서 스스로가 놓는 함정에 빠지지 않는 것이다. 협상가로서 자아지향적 함정에 빠지는 것은 금물이다. 협상가에게 필요한 것은 부족함과 여유로움의 와중에서도 균형감을 잃지 않으면서 수를 던지는 것이다. 협상에서 함정의 오류와 통념을 깨고 큰 생각을 한다면, 승리는 내 것이 될 수 있다.

제10절

대립과 교감의 양 날개를 펼쳐라

대립은 투쟁이 아니다, 즐겨라

"당신은 당신에게 맞선 사람에게서
큰 교훈을 배워 오지 않았던가?"

월트 휘트먼(Walt Whitman, 1819~ 1892)
'풀잎'이라는 시(詩)로 유명한 미국의 시인, 특유의 운율과 자유시 형식으로 인간 영혼의 가치와 발전의 모습을 그렸다.

이것은 미국의 시인 월트 휘트먼Walt Whitman, 1819~1892의 말이다. 그의 말대로라면, 만약 누군가와 어떤 일로 맞서더라도 최소한 얻을 것이 있다는 이야기가 된다. 더욱이 상대하는 파트너가 훌륭한 인물이라면, 그와 맞선다는 것은 분명히 득이 될 것이다. 비즈니스 세계에서 '맞선다'는 의미는 '서로 대립하며 싸우자'는 의미가 아니다. 그것은 태양의 따스함을 느끼게 할 정도의 훈훈함을 지녔더라도, 할 말은 하고 요구할 것은 요구하는 것, 즉 '당당하게 맞수를 둔다'는 뜻이다.

맞수는 당당함, 냉정함, 여유로 둔다

맞선다는 것은 당당함에서 출발한다. 그것은 의사소통의 기본이다. 당당함을 제대로 보여주려면, 마치 결전을 앞두고 기 싸움을 하는 스포츠맨처럼 강한 눈빛을 유지하면서 뚜렷이 논조를 펴야 한다. 만약 상대방의 눈빛에 위축되어 그의 시선을 피하거나 우물쭈물한다면 상대방은 나를 가벼이 여길 것이다. 당당하게 나가면 기선을 잡는 데에도 유리하다. 당당함에는 냉정함이 수반되어야 한다. 냉정함은 생각이나 행동이 감정에 좌우되지 않고 침착하게 합리적 판단을 내릴 수 있도록 도와준다. 기 싸움도 성질로 하는 것이 아니라 냉정함과 합리적 판단으로 하는 것이다.

1959년 모스크바 무역박람회에서 마주친 당시 미국 부통령 닉슨과 구소련 공산당 서기장 후르시쵸프 간의 설전 모습. 두 사람의 표정, 손가락, 제3자의 반응이 '맞선다는 것'의 의미를 잘 설명해주고 있다.

당당함과 냉정함 다음으로 잊지 말아야 할 것은 여유이다. 여유란 상대방이 강하거나 비합리적으로 나올 경우에 즉각적인 저항이나 반사를 하기보다는 오히려 그에 대한 근거를 추궁하는 자세를 취하는 것이다. 여유롭고 당당한 사람 앞에서는 누구라도 함부로 말을 하지 못하고 쩔쩔매게 된다. 여유는 자신감과 품격에서 나온다. 여유와 겸허함을 동시에 보이면, 팽팽한 국면에서도 타협과 상생의 길을 찾을 수 있다.

'권위와의 거래'에 익숙하라

미국 기업의 경영자들 중에는 월등히 높은 연봉을 받는 사람들이 있다. 그들의 대부분은 유대계인데, 그들은 능력이 뛰어나지만 연봉협상에서도 탁월한 기량을 발휘한다. 앞서 이야기한 바대로 유대인들의 협상능력은 어린 시절부터 몸에 밴 '하브루타Havruta'에 기인한다. 하브루타는 3,500년의 역사를 지닌 '짝을 지어서 질문하고, 토론하고, 논쟁하는 교육'이다. 유대인들은 하브루타를 통해서 까다롭고 복잡한 율법과 규범 및 다양한 이슈에 대해서 거리낌 없이 질문하고 토론하는 데 익숙해져 있다. 그들은 어린 시절부터 권위 앞에서 위축되는 법이 없다.

초경쟁 글로벌 시대의 직업인들은 '권위와의 거래'에 익숙해져야 한다. 권위와의 거래란 강자나 실세 앞에서 주눅 들지 않으면서 흥정하고 타협하는 것이다. 권위와의 거래는 어린 시절이나 사회생활 초기부터 토론 능력을 키우면 강해질 수 있다. 예컨대 부모의 도움 없이 "저는 이곳이 이렇게 아프니, 잘 치료해 주세요!"라고 의사에게 당당히 말할 수 있는 아이는 성년이 되어서도 협상의 귀재가 될 자질이 충분하다. 권위와의 거래에 익숙해지려면 거리낌 없이 질문하고, 토론하고, 논쟁하는 것이 몸에 배어 있어야 한다. 막강한 힘을 가진 구매처의 책임자나 하늘 같은 상사 앞이라도 할 말은 똑바로 해야 얻을 것을 얻는 법이다.

권위와의 거래는 유력한 파트너들과의 비즈니스 협상에서 필연적으로 통과해야 할 터널이다. 그러므로 노련한 협상가가 되려면 권위와의 거래를 여유 있게 받아들여야 한다. 게임도 팽팽하게 쪼이는 것을 즐기는 사람이 고수이며, 만약 그렇지 않다면 기가 약한 하수에 불과하다.

대립을 즐겨라

피터 드러커Peter Drucker, 1909~2005는 그의 명저 『프로페셔널의 조건』에서 "사

피터 드러커(Peter Drucker, 1909~2005), 명저 『프로페셔널의 조건』에서 "인간은 의사소통 시 지각, 기대, 요구 세 가지 행위를 한다"라고 기술했다. 이는 결국 협상 국면에서 당사자들은 협조, 대립, 투쟁 중 최소한 대립할 수밖에 없음을 시사한다.

람은 의사소통을 할 때 상대방의 의사를 지각하고, 기대하며, 요구한다."라고 기술하였다. 그의 말대로라면 사람은 의사소통을 할 때 당연히 무언가를 바라고 요구하는 심리가 바탕에 깔려 있으므로 기본적으로는 맞서거나 대립할 수밖에 없다는 의미가 된다. 오직 실리만이 명분보다 앞선다는 가정 하에서는 투쟁도 불사할 수 있겠지만, 무엇인가 요구할 것이 있을 경우에는 최소한 무조건 협력하기보다는 일단 맞서거나 대립하려고 할 것이다. 그런데 이와 같이 맞서거나 대립하는 자세가 없다면, 상대방은 나의 요구를 분명히 의식하지 못하게 되므로 대립하는 것을 주저해서는 안 된다. 그것은 상대방도 마찬가지이다.

대립은 투쟁이 아니다. 대립은 적대적 상황을 만들거나, 투쟁하는 것과는 다르다. 대립은 상대방을 존중하며 힘을 겨루는 것이지만, 투쟁은 상대방을 적으로 간주하고 싸우는 것이다. 대립할 때에는 자신에게 유리한 방향을 추구하되, 상대방에게는 진실한 정보를 제공한다.

이에 반해서, 투쟁할 때에는 자신에게 유리한 방향을 추구하는 것은 똑같지만 상대방에게는 불리한 정보를 주고, 심지어는 속임수까지 쓰게 된다. 대립은 결코 투쟁이 아니다. 그러므로 아무리 가까운 파트너일지라도 자신의 이익을 위해서라면 당연히 대립할 것이라는 점을 기억해야 한다. 대립은 피할 수 없는 현실이다.

대립은 기가 살아 있는 페어플레이Fair Play의 한 모습이다. 대립은 투쟁보다 차라리 신사적인 것이다. 대립은 긴장을 조성하기도 하지만, 상대방을 제압할 수 있는 자신감과 승부욕을 높여주기도 한다. 노련한 협상가는 대립을 두려워하지 않는다. 대립은 세상을 풍요롭게 할 수도 있다. 대립은 결코 투쟁이 아니니, 즐겨라!

의표를 찌르고, 은밀히 교감하라

"엄마, 나 좋아하지? 나도 엄마 좋아해!
나… 그런데… 엄마한테 할 얘기가 있어!"
"뭔데?"
"엄마! 앞으로 내 앞에서 오빠한테 뽀뽀하지 마!"
"아이고, 이 가시나, 내가 죽고 못 살아!"

얼마 전 공원의 가벼운 산책길에서 잠시 휴식을 취하던 중 의도치 않게 6살 남짓한 소녀와 엄마의 대화를 들은 적이 있다. 소녀는 복받치는 서러움을 억누르려는 듯 훌쩍거리면서 엄마에게 말을 걸고 있었고, 이 짧은 대화가 끝나는 순간 어깨를 약간 들썩거리고 있었다. 그리고 엄마는 그 소녀를 따뜻한 품 안으로 끌어안았다. 가만히 들어보니, 그 대화는 어린 딸과 엄마 사이의 흔한 대화라기보다는 무언가 저변에 깔린 배경이 있는 것 같았고 뭉클한 분위기마저 느껴졌다. 그 소녀는 복받치는 서러움과 망설임을 억누르며 엄마에게 말을 걸었던 것인데, 그것은 아들을 사랑하던 엄마의 의표를 정확히 찌르고 있었다. 필자는 그 소녀의 귀여운 모습을 보고서 무릎을 치지 않을 수 없었다.

교감의 삼박자는 용기, 조율, 핵심

소녀는 정말 깜찍했다. 주저 끝에 울먹이며 터뜨린 그녀의 말은 눈물 속에 녹아들며 엄마의 마음을 흔들었고, 지나가던 사람의 귓전에도 맴돌았다. 소녀는 감히 엄마에게 속내를 털어놓지 못하다가 마침내 용기를 내서 말을 걸었고, 고심하던 문제의 핵심까지 정확히 건드렸다. 소녀의 관심사는 '오빠에게 기울어가는 엄마의 사랑을 어떻게 하면 되찾을 수 있을까'였고, 그 방법은 오직 엄마의 머릿속에서 오빠의 존재를 지워버리는 것이었다. 소녀는 용기를 내어 엄마에게 접근함과 동시에, 그 마음을 붙잡고 문제의 핵심을 정확히 찌른 것이다. 소녀는 정말 영리했다.

'교감'이란 이처럼 용기있게 접근하는 것, 관심사에 대해서 조율하는 것, 그리고 문제의 핵심을 찌르는 것이다. 이러한 관점에서 보면 소녀는 교감에 정통한 의사소통의 귀재라고 할 수 있다. 미래학자 다니엘 핑크Daniel Pink, 1964~는 그러한 행위를 의사소통의 ABCAttunement, Buoyance, Clarity 스킬이라고 말한다. 그것은 마치 악기를 조율하듯 상대방의 속내를 타진하면서 문제의 핵심을 명확히 부각시키는 것이다. 교감의 비결은 결국 용기, 조율, 핵심이다. 교감은 상대방의 속내를 타진하려는 노력, 문제의 핵심을 부각시킬 수 있는 센스, 그리고 용기에서 나온다. 교감은 용기와 억눌림의 극복을 필요로 한다. 부드럽고 은밀한 속삭임은 최고의 방법이다.

교감하고 또 교감하라

협상 시 의사소통에서 교감은 매우 중요하다. 교감은 대립과 더불어 의사소통 기술의 두 날개 중 하나이다. 협상 중의 대화에서 내 입장만 고집한다는 것은 결국은 힘겨루기 싸움이 될 뿐이며, 상대방의 입장이 되어 그 진의를 파악하고, 그가 어떤 감정을 느낄지, 어떻게 받아들일 수 있을지를 생각해 보지 않는다면 그 대화는 시작조차 하지 않은 것과 다름없을 것이다. 교감을 시도할 때에는 상대방의 위상을 인정하면서 핵심 관심사에 대한 공감대를 찾는 데에 초점을 맞춰야 한다. 만약 자신의 입장이 상대적으로 약한 경우라면 아예 납작 엎드려서 조언을 구하는 것도 좋은 방법이다.

교감의 또 다른 방법은 협상 테이블을 벗어나서 은밀한 대화를 시도하는 것이다. 특별히 공식 일정 이외의 짧은 시간을 틈타서 나누는 진솔한 대화는 뜻밖의 좋은 결과를 낳을 수 있으며, 교착상태나 경색국면에서 새로운 출구나 전환점을 열어줄 수도 있다. 필자의 경험으로도 정말 중요한 대화는 종종 협상 테이블을 떠나서 이루어지는 짧은 만남을 통해서 이루어진 경우가 많았다. 교감은 협력 분위기와 감정의 교환을 은밀하게 강화시키면서 주도면밀하게 이루어져야 한다. 교감을 시도하다 보면 거북하거나 자존심에 상처를 입을 수도 있지만, 협상의 고수가 되려면 이쯤은 반드시 넘어서야 한다.

갈등에 대한 시각을 바꿔라

비즈니스 활동에서나 조직생활에서나 교감은 중요하다. 교감이 부족하면 보이지 않던 갈등까지 커지고, 혹독한 대가를 치르게 된다. 1차 세계대전 당시 러시아 제1군 사령관 렌넨캄프와 제2군 사령관 삼소노프는 젊은 시절 극동의 멋진 항구도시 블라디보스토크에서 함께 근무했지만, 서로 간의 교감 부족과 반목으로 인해 중요한 전투에서 협력을 하지 않았다. 그로 인하여 러시아는 역사적인 탄넨베르그 전투1914에서 독일에 대패하였고, 두 사람은 20만 명의 전사자와 10만 명의 포로를 남기고 비극적 최후를 맞았다. 링컨 대통령을 암살한 존 윌키스 부스John Wilkes Booth는 유명 배우였던 아버지와 형 사이에서 쌓인 갈등과 반발 심리 때문에 위대한 인물을 암살하는 사건을 일으켰다.

갈등은 위험하다. 하지만 극단적인 갈등 상황에서도 상대방의 입장이 다를 수 있다는 점을 인정하면 국면은 완전히 달라질 수 있다. 다름을 인정한다는 것은 서로의 여건과 능력이 다르다는 것, 기대이익이 다르다는 것, 그리고 불확실성과 위험에 대한 인식이 다르다는 것을 인정하는 것이다. 이는 결국 상대방의 위상을 인정하는 것이며, 누구든지 자신의 위상이 인정받는 것을 마다할 상대는 없을 것이다. '다름의 인정'은 갈등과 투쟁을 완화시킬뿐더러, 상호이익과 유대의 원동력이 될 수도 있다. 다름의 가치와 갈등에 대한 시각을 바꾸면 교감의 문은 쉽게 열릴 수 있다.

협상은 실리와 명분을 둘러싼 게임이자, 논리적 화술과 심리·감정까지 아우르는 일종의 술術이라 할 수 있다. 상대방의 심리와 감정을 터치한다는 것은 매우 조심스럽고 민감한 작업이다. 그것은 섬세함을 요구하는 고난도의 창의적 행위이다. 그러므로 노련한 협상가가 되려면 상대방의 머리와 가슴을 아우를 수 있는 다양한 방법을 동원해서 교감할 수 있어야 한다. 교감은 모든 갈등을 날려 보낸다. 교감은 적군도 아군으로 만드는 위력을 발휘하며, 대립과 쌍벽을 이룰 만큼 중요하다. 대립할 때에는 대립해야 하지만, 교감할 때에는 교감해야 한다. 협상의 고수는 상대방의 의표를 정확히 찌르고 은밀하게 교감한다.

가슴으로 듣고, 눈으로 말하라

협상에서의 의사소통은 스포츠의 야구경기를 연상케 한다. 야구에서는 두 팀이 서로 공격과 수비를 번갈아 진행하면서 승패가 엇갈린다. 한 팀이 공격 시에 다른 한 팀은 수비를 하는데, 공격과 수비 과정에서는 많은 전술과 변화가 일어난다. 협상에서나 야구경기에서나 쌍방이 공세와 수세를 반복하는 것, 그리고 전술에 따라 상대방에게 미치는 영향이 달라지는 것은 똑같다고 할 수 있다. 협상에는 다양한 기술이 동원되는데, 의사소통 과정에서 주고받는 대화와 소통의 노하우는 협상의 국면을 유리하게 이끄는 데 절대적인 기여를 한다. 협상 시 바람직한 의사소통의 자세는 마음을 비우는 것, 참는 것 그리고 가슴으로 듣고 눈으로 말하는 것이다.

'질문', 툭툭 던지며 자극하라

"야마니는 언성을 높이지 않고 항상 속삭이는 스타일이었습니다. 그가 가진 비장의 기술은 상대방의 논리 중에 숨은 함정을 찾아내기 위해 유사한 질문을 다각적인 방법으로 계속하면서 상대방을 기진맥진하게 만들어 버리는 것이었습니다. 그는 자신에게 유리한 논리 개발에 탁월했지요." '석유의 황제'로 불리던 전 사우디 석유상 야마니Sheik Ahmed Zaki Yamani, 1930~ 는 탁월한 협상가였다. 어느 미국인 기업가가 그에 대해서 남긴 이 문구는 긴장과 경계심으로 가득 찬 협상 테이블에서 격조 있는 대화와 용의주도한 질문이 얼마나 중요한지에 대해서 시사해준다. 야마니는 협상 파트너들과의 유대감 형성과 툭툭 던지는 질문을 통해서 원하는 정보를 획득하는 데 귀재였다.

흔히 질문이 중요하다고 말한다. 질문은 왜 그렇게 중요한가? 질문은 모든 비즈니스에 필요한 정보와 판단의 원천이며, 그의 70퍼센트는 협상 테이블에서 얻을 수 있기 때문이다. 질문에 대한 답은 상대방의 진의를 파악함으로써 얻을 수 있는데, 그 방법은 야마니처럼 친밀감을 조성하면서 툭툭 던지는 질문을 계속하는 것이다. 툭툭 던지는 질문은 핵심 내용을 잘게 쪼갠 후 통합하는 효과를 가져 온다. 이런 질문은 내면의 욕구를 자극하게 마련이며, 그에 대한 반응을 눈으로 살필 수도 있다. 무의식적으로 전달되는 질문에 대한 대응이나 단편적인 정보들은 아주 유용하다. 질문은 경청보다 중요하다.

질문의 유형도 중요하다. 질문의 유형 중 가장 기본적인 것은 개방형 질문이며, 그것은 완곡하게 대화를 유도하는 질문이다. 개방형 질문은 상대방이 대답하고 싶거나 대답하기 쉬운 질문, 그리고 공동의 목표를 확인할 수 있는 질문이다. 가장 순리적인 질문은 상대방의 눈을 바라보고, 그가 듣고 싶은 말을 골라서 묻는 것이다. 질문에 대한 상대방의 대답은 상황에 따라 다를 수 있는바, 그에 대한 반응은 정중하고 논리적이되, 때로는 눈으로 말하는 것으로도 충분하고 호소력이 있다. 협상의 고수는 상대의 눈빛만 봐도 그가 무엇을 생각하는지 알 수 있다. 눈은 육신의 연못이며 마음의 거울이기 때문이다.

질문에는 마력이 있다. 질문은 상대방의 위상을 높여주면서, 원하는 것을 얻는 좋은 방법이다. 질문은 상대방으로 하여금 자신만이 그 질문에 대한 대답을 줄 수 있는 유일한 사람이라는 의식을 갖게 만들고, 의사소통 과정에서 나에 대한 관심을 높이게 만들기 때문이다. 질문은 상대방의 마음속에 숨어 있는 욕구를 건드릴 정도로 정곡을 찌를 수 있어야 한다. 질문은 구체적이고 간결하며 중립적이어야 하며, 채근하거나 비굴한 느낌을 주어서도 안 된다. 질문을 단순히 어떤 문제에 대해서 답을 구하는 것으로만 생각하면 원하는 만큼의 정보를 얻지 못한다. 질문의 수준은 질문하는 사람의 프로로서의 격格을 가늠한다. 18세기 프랑스의 사상가 볼테르는 "사람의 수준은 대답이 아닌 질문하는 능력으로 판단할 수 있다."라고 말하지 않았는가?

'경청', 하지 않은 말을 들어라

"상대의 진심을 들으려면 오히려 침묵하고, 펼치려면 오히려 움츠리며, 높아지려면 오히려 낮추고, 취하려면 도리어 주어야 한다." 귀곡자의 경청에 대한 조언이다. 귀곡자는 경청은 설득의 초기 단계에서 가장 필요한 자세라고 설파하였는데, 이는 마피아들조차 중히 여기는 의사소통의 기술이다. 경청은 한 마디로, 혀 대신 귀를 더 많이 내밀면서 상대방의 욕구를 확인하는 것이다. 경청은 상대가 애써 숨기려는 진실을 정확히 짚어낼 수 있게 해주며, 중요한 의사결정이나 행동에 필요한 정보를 확보할 수 있게 만든다. 경청은 질문과 더불어 의사소통의 쌍벽을 이루는 기술이다.

경청은 가슴으로 듣는 것이다. 만약 상대방이 하지 않은 말이나 가슴의 소리를 분명히 들을 수 있다면, 그것은 그 사람의 깊은 속내와 욕구를 분명히 꿰뚫고 있는 것이다. 경청 시 유의할 점은 대화 중 공감할 수 있는 부분에 대해서는 고개를 끄떡이거나 맞장구를 치는 등의 반응을 보이는 것이다. 이는 상대방을 고무시키고 진의를 확인할 수 있게 해준다. 행동경제학에서는 이를 '미러링Mirroring'이라고 하는데, 이는 상대방에게 동질감과 편안함을 주는 심리기술이다. 만약 상대방의 이야기에 반론이 있을 때는 "그게 아니고요~"라는 말보다는 "Yes & But" 즉 "예, 그렇군요, 헌데 이 점에 대해서는 어떻게 생각하시는지요?"라는 식의 표현으로 정중함을 보여야 한다.

프랑스의 표현주의 화가 앙리 마티스(Henri É. Matisse, 1869~1954)
"당신은 무엇이 되고 싶은가?", "마티스가 되고 싶다."라는 평판을 들을 정도로 존경받는 경청의 달인이었다.

경청은 마음을 다루는 기술이다. 경청은 태도에 따라서 상대방의 마음을 열게 할 수도 있고, 아예 닫아버리게 할 수도 있다. 경청은 때로는 동정과 연민을, 때로는 완전한 감정이입을 불러일으킨다. 경청은 결국 상대방으로 하여금 흥이 나게 하며, 막혔던 일을 빠르게 진전시킬 수 있게 한다. 경청은 궁극적인 결단의 원천이다. 징기스칸은 이렇게 말했다. "내 귀가 나를 가르쳤다, 적게 말하라! 듣지 않고는 함부로 결정하지 마라!"

절제와 훈련, 자르고 들어가지 마라

질문과 경청에는 유의점이 있다. 그것은 상대방의 의견이 부정적일 경우 그에 대한 반응을 즉각적으로 표출하면서 대화를 가로막지 않는 것이다. 대화를 가로막는다는 것은 마치 흙덩이를 안고서 남의 사무실에 침입하는 무뢰한의 행위와 다를 바가 없다. 사람들은 자신의 말에 호의적인 반응을 보일수록 더욱 신바람 나게 스스로의 이야기를 계속하려는 경향이 있으며, 만약 부정적인 언사를 접할 경우에는 더욱 의기양양하게 자신의 웅변을 마무리하려고 한다. 질문에서나 경청에서나 대응은 자유이자 특권이지만, 그 결과는 어떻게 하느냐에 달려있다. 자르고 들어가는 것처럼 어리석은 짓도 없다.

질문에 있어서 피할 것은 성급함이다. 맹렬한 기질에 조급함이라면 둘째가라면 서러워하는 한국인들에게는 더욱 그러하다. 질문에서 기억할 것은 가급적이면 상대방의 입장을 고려하는 것이다. 질문의 상대자는 심리적 거부감이나 이질감을 느끼게 하는 말보다는 기분을 좋게 하는 말을 좋아하게 마련이다. 질문은 상대방의 거부감을 최소화할 수 있고, 세부적인 반론을 펼치는 데에도 유리하다. 욕망을 건드리는 것이 상대방의 진의를 파악하는 데 도움이 된다면, 그것 또한 슬기로운 접근이 아닐까?

경청에도 유의할 점이 있다. 경청은 태도에 따라 듣는 이로 하여금 하고 싶은 말을 생략하거나 아예 중단하게 할 수 있다. 만약 상대방이 말하는 도중에 발언을 하고 싶다면, 3-2-1, 즉 3초 동안 듣고, 2초 동안 숨을 고르고, 나머지 1초 동안 말할 것을 권한다. 또 한 가지 훈련 방법이 있는데, 그것은 왼

쪽 주머니에 500원짜리 동전 20개를 넣고서, 상대방의 이야기를 정말 경청했다고 스스로 인정할 수 있는 순간마다 동전 한 개씩을 오른쪽 주머니로 이동시키면서 달성율을 점검하는 것이다. 이러한 방법을 인내심있게 반복하면, 오른쪽 주머니로 이동하는 동전의 수가 증가하고 경청을 잘 하고 있는 자신을 발견할 수 있다. 경청에는 절제와 훈련이 요구된다.

협상에서 의사소통은 값진 다이아몬드를 교환하는 것과 같다. 그것은 참을성, 관심, 배려를 주고받는 합일화의 과정이다. 한국인처럼 대화 도중에 상대방의 말을 가로지르며 주장을 펴는 사람들에게는 꼭 필요한 말이기도 하다. 협상 테이블의 주도자가 되려면 마음에 품은 의지를 잃지 않되, 가슴으로 들으며 눈으로도 말할 수 있어야 한다. 진정한 협상가는 열심히 떠드는 사람이 아니라, 진중하게 묻고 듣는 사람이다. 영국의 시인 존 키츠John Keats, 1795~1821는 "들리는 멜로디는 아름답다. 그러나 들리지 않는 멜로디는 더욱 아름답다."라고 말했다.

한담으로 시작하라

A회장은 미팅이 시작되자, 음악에 관한 이야기를 꺼내기 시작했다. 프라하에서 만난 그는 음악을 꽤나 좋아하는 필자에 대한 정보를 갖고 있었는지는 몰라도, 모차르트의 일생을 그린 영화 '아마데우스Amadeus'와 전설을 상기시키는 듯한 분위기를 자아내는 스메타나Bedrich Smetana, 1824~1884의 교향시 '나의 조국Ma vlast'의 선율을 읊조리기까지 하였다. 필자 또한 음악에 관한 짧은 지식으로 응답하였으며, 이야기는 신세계 교향곡을 지은 드보르작Antonin Dvorak, 1841~1904과 '변신'의 작가 카프카Franz Kafka, 1852~1931로 이어졌다. "프라하는 유럽인들의 심장을 어루만졌다."라고 주장하던 그와의 상담은 부드럽게 진행되었고, 수일간의 방문 후 K사와의 연간 비즈니스를 위한 합의서에 서명할 수 있었다. A회장의 자부심은 대단했다.

한담, 의도적 관계형성을 위한 전술?

해외에서 새로운 거래처를 발굴하려면 잘 모르던 기업과 그 기업의 경영자나 실세들과 본격적인 협상에 임하게 된다. 중동구 국가들의 개방 초기,

중국과 아시아 시장을 겨냥한 공급처를 물색하던 중 프라하에서 만난 K사의 A회장은 음악에 관한 이야기로 상담을 시작했는데, 그러한 일은 다른 국가의 파트너들과도 자주 있었다. 경직된 분위기 속에 상담의 결과가 어떻게 될지에 대한 생각으로 가득 찬 우리와는 달리, 유수 기업의 경영자나 실세들은 가벼운 취미와 날씨에 관한 이야기로부터 음악, 미술, 역사 및 축구, 골프, 테니스와 같은 스포츠에 이르기까지 다양한 소재를 갖고서 대화를 시작한다.

협상 테이블에서의 한담閑談은 관계 형성에 도움을 준다. 미국 켈로그와 스탠포드 경영대학원에서 학생들 간의 온라인 협상 실험을 한 적이 있는데, 참여자들의 절반은 이름만을 알고 채팅을 시작하게 하고, 나머지 절반은 상대방의 사진과 취미, 포부, 가족, 고향 등에 관한 정보를 교환하고 채팅을 계속하게 하였더니, 첫 번째 그룹은 30%의 협상 결렬 결과가 나왔고, 두 번째 그룹은 6%의 협상 결렬 결과가 나왔다고 한다. 격의 없는 대화의 여유로운 교환은 신뢰를 높여준다.

이러한 실험의 결과가 반증하듯 협상 테이블에서 서로 주고받는 한담은 상대방을 편하게 하며, 호의적인 입장에서 협상에 임할 수 있게 만들어준다. 한담은 관계 형성을 위한 의도적 행위일 수 있다. 하지만 그것은 공통적으로 갖고 있는 성품, 경험, 취미, 의견을 확인하고 나눌 수 있는 유용한 전술이다. 유명한 심리학자 로버트 치알디니Robert Cialdini, 1945~는 "사람들은 익숙하거나 비슷한 점이 많은 상대를 좀 더 신뢰한다"라고 말한다. 한담은 협상의 주도권을 쥐는 데도 유리하다.

협상은 마음을 얻기 위한 작업의 과정이다. 인간은 잘 알고, 좋아하는 사람의 요구를 수락하게 마련이다. 유사한 성품과 경험, 취미와 의견을 나눌 수 있는 파트너와의 관계에서라면 계약서든 합의서든 주저하지 않게 될 것이다. 긴장과 불안 가운데에서도 여유 있게 한담을 나눌 수 있다면 협상의 주도권은 이미 내 손에 있을 수 있다. 한담은 더듬수가 아니다. 중요한 협상, 어려운 상대일수록 한담으로 시작하는 것이 바람직하다.

설명은 이성으로, 설득은 감성으로 하라

"만약 사장인 내가 비전을 제시하지 못하거나, 스스로 권위를 실추하는 행동을 하거나,
책임을 지지 않을 경우에는 그 즉시 말해주길 바랍니다.
나는 그 순간 미련 없이 사장직을 내려놓을 것입니다.
그러나 만약 여러분들이 사장에게 비전을 제시하지 못한다고 공격하거나,
권위에 도전하거나, 책임을 전가하는 행위를 할 경우,
그것이 발견되는 즉시 회사를 떠날 것을 서약하십시오!
또한 이런 문제로부터 자유로운 사람이 있다면 지금 즉시 일어나 말해주시기 바랍니다."

이 말은 마치 거리의 여인을 향하여 돌을 던지던 사람들에게, 그들 중에서 죄 없는 사람이 있으면 나와 보라고 말하는 것과 똑같은 것이었다. 아니면 암살당한 시저의 시신을 단 위에 올려놓고, 우왕좌왕하는 군중들에게 웅변을 토했던 안토니우스를 무의식중에 연상한 것이었는지도 모른다. 임직원들은 마치 찬물을 끼얹은 듯 조용했고, 더 이상의 말은 필요치 않았다.

설득, 긴말이 필요할까?

한 중견기업의 사장으로 재직하던 어느 날, 필자는 임직원들을 대상으로 한 프리젠테이션을 마친 후 그들을 설득하고 있었다. 총 1,500여 명의 임직

원들이 열심히 일하며, 연간 수십억 원의 순이익을 내던 회사는 본업 밖의 금융거래로 인해 큰 손실을 안고 있었고, 사내의 분위기는 새로 영입된 사장인 나에 대한 기대감과 경계심으로 뒤섞여 있었다. 더욱이 일부 인원들은 내부 합리화와 신규 사업을 추진하려는 나를 대놓고 비난하면서 갈등을 불러일으키고 있었다. 다행스럽게도 추구하는 비즈니스 모델은 양호하여, 좋은 기업으로 성장시킬 수 있다는 확신을 갖게 된 나는 시급히 조직 내 분위기를 쇄신하고 임직원들의 역량을 결집시키고자 했다.

그런데 놀라운 일이 벌어졌다. 임직원들은 위의 말을 듣고 서로 쳐다보기만 할뿐 누구하나 반론을 제기하지 않았다. 가만히 생각해 보니, 그 자리에 참석한 사람들은 모두 필자가 말한 내용으로부터 자유롭지 못하다는 점을 분명히 인식하고 있었던 것 같았다. 그 속에는 어떻게 해서든지 침체된 분위기를 쇄신하고, 좋은 회사를 만들어보자는 결연한 요구가 실려 있었기에 어느 누구도 감히 반론을 제기할 수 없었는지도 모른다. 그것은 좋게 말해서 선언이었지, 듣는 이들의 입장에서는 아마도 냉랭한 일갈이나 다름없었다. 하지만 임직원들의 마음에는 불이 붙기 시작했다.

사실 어느 경영자든 구성원들이 마음대로 움직여 주지 않을 경우, 화가 나지 않을 사람은 없을 것이다. 하지만 그럴수록 더욱 냉정히 중심을 잡고 분위기를 쇄신해야 하는 것이 경영자의 도리이자, 자존심을 지키는 일이다. 그것은 의기소침한 회사와 임직원들의 미래를 새롭게 열어가는 것이기도 하다. 이렇게 다짐하던 필자의 마음속에는 보란 듯이 회사의 경영 상태를 반전시키고야 말겠다는 강한 열망이 솟구쳤으며, 마침내 칼을 뽑았다. 그리고 그

칼 속에 담긴 제발 잘해보자는 논리와 충정은 임직원들의 가슴 속을 파고들었던 것 같다.

설득, 이성과 감성을 파고든다

필자는 유명 대가들의 '전략'에 관한 칼럼이나 '명문 시구詩句'를 좋아한다. 손자병법이나 셰익스피어의 소네트Sonnet는 누구나 좋아하는 대표적인 것들이다. 전략에 관한 글이나 유명 시구가 좋은 이유는 그 내용들이 거의 '이성'과 '감성'을 다루기 때문이다. 전략은 주로 '무엇을 어떻게 할까?'에 대해서 다루므로 '이성'에 의지하고, 명문장이나 시구는 주로 인간의 정서와 상상의 세계를 다루므로 '감성'에 기운다. 이성과 감성은 모두 상대방의 세계를 이해하고 공감대를 형성하는 데 영향을 끼친다. 사람의 마음을 얻으려는 대화에서도 이성과 감성의 결합은 파고드는 효력이 크다. 협상 테이블의 대화 중에도 설명은 이성으로 설득은 감성으로 하는 것이 최고다.

설득에는 순서와 단계가 있다. 설득의 첫 단계는 상대방의 내심을 살피는 것이다. 상대방의 내심을 살피기 위해서는 그가 자랑스러워하는 점은 칭찬해주고, 거북스러워하는 부분은 감싸주어야 한다. 두 번째 단계는 그가 좋아하거나 실익을 느낄 만한 내용을 언급하면서, 가려운 곳을 긁어주는 것이다. 중요한 대화일수록 상대방에게 명분과 윤색을 높여주면 싫어할 이유가 없다. 세 번째 단계는 상대방에게 유리한 결단을 내리는 것이다. 특히 쌍방 간의 대립이 심할 경우에는 흔쾌한 양보의 모습을 보여주는 것이 해법이다. 설득에서 필히 잊지 말아야 할 것은 상대방의 역린逆鱗을 건드리지 않는 것이다. 역린이란 용龍의 턱 밑에 있는 거꾸로 박힌 비늘, 즉 상대방의 가장 민감한 부분을 가리킨다. 설득은 말과 침묵을 능숙하게 조절하면서, 적시에 마음을 열고 닫는 기술이라고 하겠다.

설득은 이성과 감성의 말로써 자신의 입장을 관철시키는 것이다. 설득은 상대방의 태도, 신념, 가치관을 표적으로 하며, 그 논리는 일관성, 호감, 객관적 증거 등에 의해서 좌우된다. 설득은 그저 멋진 담론과 음률로써 낭만을 표현하는 기술이 아니다. 설득에는 진의를 은연중에 암시하는 예리함과 상대방을 감동으로 이끄는 진심이 담겨 있어야 한다. 설득의 시작은 스스로부터 감동시키는 것이다. 영국의 극작가 필립 메신저Philip Messanger, 1583~1640는 "다른 사람을 지배하려는 사람은 먼저 자신의 주인이 되어야 한다."라고 말했다. 설득의 진수는 정교한 전략, 섬세한 언어 그리고 이성과 감성의 결합이다.

띄워서 묶어두라

"일단 상대를 칭찬하는 말로 띄워서 환영하고 따르다가
기회를 봐서 꼼짝 못하게 장악하라.
남에게는 내가 빈 것을 보내도 실질적인 것이 돌아오니,
이를 놓치지 말고 상대의 의중을 자세히 탐구하면,
그 마음을 꼼짝 못하게 묶어서 세로로 갈 수도 있고 가로로 갈 수도 있고
동서남북 어디든지 끌고 다닐 수도 있다."

이것은 귀곡자의 '비겸飛箝'에 나오는 말을 필자 나름으로 해석한 것인데, '비飛'는 '띄운다', '겸箝'은 '쇠사슬로 매다'라는 의미를 갖고 있다. 칭찬은 마치 상대방을 띄워서 묶어두듯 대화 중 심리전의 주도권을 쥐는 기술이다. 칭찬은 협상자의 색다른 무기이며, 설사 그 속에 진심이 담겨있지 않더라도 상대방으로 하여금 나에 대한 기대감을 높이게 한다. 진의가 담긴 칭찬은 말할 나위 없다.

칭찬, 변화와 고무의 기술

한국인은 칭찬에 인색하다. 18세기 프랑스의 사상가 볼테르Voltaire, 1694~1778가 남긴 "사람들은 할 말이 없으면 욕을 한다."라는 명언이 무색할 정도다.

칭찬보다는 허세에 강한 한국 비즈니스맨들의 풍모는 게르만의 용병 빰칠 정도이며, 협상 테이블에서는 더욱 그러하다. 칭찬은 오히려 예의 없는 행동으로 받아들여지기도 한다. 칭찬이란 결국 상대와 효용을 따져서 행해야 하는 것이며, 무조건적이거나 어색한 칭찬은 상대방을 묶어 두기는커녕 반감을 조장할 수도 있다. 칭찬은 미덕이자 무기이다. 소그드상인들은 어린아이가 태어나면 그의 입술에 꿀을 발라주면서 칭찬의 미덕을 가르쳤다고 하니, 그들의 설득력은 짐작하고도 남을만하다.

칭찬은 상대방을 내 편에 묶어두는 기술이다. 칭찬의 이점은 변화와 고무를 야기하는 것이다. 최근 미국 대통령 트럼프가 대북 정책 변화를 노리면서 중국을 추켜세운 것도 유사한 행위의 하나이다. 칭찬은 구체적인 사실을 칭찬하되, 그 사실에 담긴 감정이나 가치관을 칭찬해야 한다. 칭찬을 빙자한 입에 발린 소리는 오히려 상대방의 심기를 어지럽히며 진의를 의심케 할 수도 있다. 칭찬은 마음에서 우러나는 것이어야 하며, 비꼬는 소리보다는 진실에 근거한 표현을 해줘야 한다. 칭찬은 고래도 춤추게 한다. 이왕이면 "땡큐Thank You! 원더풀Wonderful! 마블러스Marvelous!"라고 외쳐라! 띄워서 묶어둔다는 것은 칭찬으로써 마무리하는 것, 좋은 파트너를 갖고 있다는 의미로서 남아야 한다.

암시, 언어와 행동의 묘미

"마음에는 드세요? 얼마면 되겠어요?" 테헤란의 바자를 거닐던 어느 날1992, 필자는 작은 카펫 한 장을 사려고 상점의 주인과 흥정을 시작하면서 그가 얼마를 부를지, 나는 얼마를 불러야 할지에 대해서 내심 저울질을 하고 있었다. 헌데, 꽤나 높은 가격을 부르던 상점 주인은 갑자기 그런 질문을 던졌고, 필자는 마치 준비된 사수처럼 900달러면 사겠노라고 의견을 제시하였다. 사실 900달러면 출장자로서는 거금이지만, 그 속에는 상점 주인을 900달러와 1,000달러 사이에 묶어 두려는 속셈이 있었다. 물론 상점 주인은 1,500달러라는 터무니없는 가격을 불렀으나, 다소 끈질긴 밀당 후에 결국은 950달러에 흥정을 마무리할 수 있었다. 그것은 필자의 탁월한 흥정 능력 때문이 아니라, 상점 주인의 대화 속에 담긴 상술과 암시의 덕택이었다.

협상 시 의사소통에서 칭찬 다음으로 중요한 것이 암시이다. 칭찬 다음에 뭔가 그럴듯한 암시가 따른다면, 상대방은 나로부터 한눈을 팔 이유가 없을 것이다. 암시에는 상대방에게 나의 의중을 은근히 전달하면서, 그를 띄워서 묶어두는 효력이 있다. 암시는 무심결에 내비치는 언어와 행동 속에 담겨야 한다. 테헤란의 바자 상인도 "흥정이 잘 되면 팔겠다."라는 암시를 무심결에 던져주었기에 거래가 성립되었는지도 모른다. 암시는 은근한 힘을 발휘한다. 암시를 잘 해석하면, 뜻하지 않은 승리를 거둘 수도 있다.

협상 중에 주고받는 대화 속에는 암시와 탐색, 띄우기와 묶어둠의 마력이 숨어 있다. 칭찬과 암시를 통한 탐색과 '띄워서 묶어둠'은 협상가의 중요한 스킬로서 활용할 이유와 가치가 충분하다. 칭찬은 성과로 바뀌지만, 험담은 비수로 돌아온다. 유능한 협상가일수록 그의 언어와 행동에는 상대방의 마음을 읽고 흔드는 탁월함이 숨겨져 있다. 그 요체는 대화의 중심에 칭찬을 유지하는 가운데 띄워서 묶어두는 것이다.

제 11 절

비언어에는 무언의 위력이 있다

비언어도 언어다

"'혀'로만 말하지 말고, '눈'과 '표정'으로 말하라.
비언어적 요소가 언어적 요소보다 더 힘이 있다."

만인의 얼굴에 웃음과 편안함을 선사하는 개그맨 유재석의 말이다. 천하 최고의 개그맨인 그의 말은 의사소통 과정에서 비언어를 잘 활용하는 것이 얼마나 중요한지를 잘 설명해 주고 있다. 사실 말을 잘하는 것과 의사소통을 잘한다는 것과는 그 의미가 다르며, 주고받는 말 이외에 사용하는 비언어의 효력은 의사소통 효과의 90%를 차지하기도 한다. 협상자들 사이에서도 눈빛, 표정, 외모, 제스처, 옷차림과 같은 요소들은 상대방의 마음을 사로잡거나 불편함을 주기도 하는바, 소위 잘 나가는 기업인, 정치가, 외교관들일수록 이점에 대해서 각별한 신경을 쓴다. 협상자의 매력은 의사소통 과정에서 쓰는 비언어에 달려있다고 해도 과언은 아니다.

손과 발, 눈빛과 표정, 입과 턱의 비밀

얼마 전 마이크로소프트의 빌 게이츠 회장이 한국 방문 중 고위 인사와의 첫 대면 중 왼손을 바지 호주머니에 넣은 채 악수를 하는 모습이 있었다. 이는 아무리 세계적인 기업가일지라도 무례하게 보일 수 있는 자세였지만, 원래 습관이 그러했는지도 모른다. 사실 주머니에 손을 넣은 채로 대화를 하는 사람은 상대방을 잘 믿지 않는 사람일 가능성이 높다. 주머니 속에 손을 넣는 것은 본심을 숨기거나 경계심을 갖고 있음을 드러내는 것이다. 첫 대면에서의 이러한 자세는 적어도 호의의 표시는 아니거나 허세일 가능성이 높다. 협상 테이블에서 발을 꼬거나 떠는 경우도 있는데, 그것은 안정감을 잃었다는 표시이다.

협상자들 간의 대면에서 빛을 발하는 것은 역시 눈빛이다. 눈은 마음의 거울이고, 눈을 마주치는 것은 상대방에게 관심이 있고 그의 이야기에 귀를 기울일 자세가 되어있음을 암시하는 것이다. 눈을 마주치는 것은 상대방에게 똑바로 대응하겠다는 의지의 표현이기도 하다. 눈빛이 강한 사람은 자신감 또한 강하며, 상대방으로 하여금 자신에게 더욱 집중하게 만든다. 미국의 전, 현직 대통령 오바마와 트럼프는 그들의 라이벌들과는 달리 국민의 시선을 온전히 사로잡을 수 있을 만큼 강하고 뚜렷한 눈빛의 소유자들이다.

협상자의 속내를 드러내는 것은 얼굴의 표정이다. 인간의 얼굴에는 43개의 근육과 그것들이 어우러져 만드는 1만여 개의 표정들이 있는데, 이들 중에 진심에서 우러나오는 자연스러운 표정과 그렇지 않은 표정 간에는 확연한 차이가 있다. 표정은 진실을 수긍하고 거짓을 부정하며, 심지어는 일류 배우들조차도 본심을 속이는 데에는 한계를 느낀다. 아무리 포커페이스를 능란하게 구사하는 사람일지라도 아주 미세한 표정의 변화를 감추기는 어렵다. 협상자는 자신의 표정을 관리하되, 상대방의 표정과 그 미세한 움직임을 잘 읽어야 한다.

다음으로, 간과할 수 없는 것이 입과 턱의 움직임이다. 1972년 6월 워터게이트 사건 발생 후 2년여 동안 자신의 결백을 주장하던 미국 대통령 닉슨의 모습을 보면, 그는 시종일관 턱에 힘을 주면서 입을 가리는 행동을 반복하고 있었다. 이는 그가 거짓말을 하고 있음을 드러내는 것이다. 거짓말을 할 때에는 입 모양이 약간의 곡선을 그리며, 입꼬리가 아래로 내려간다. 닉슨은 턱 또한 밑으로 움직이고 있었는데, 그것은 그가 당황하고 있었음을 드러낸

감정과 표정의 변화, 서양인은 입의 움직임, 동양인은 눈의 움직임에 감정의 변화가 드러난다.

것이다. 위중한 상황에서의 협상일수록 상대방의 입과 턱이 어떻게 움직이는가에 대해서도 주의 깊게 살펴볼 필요가 있다.

미간의 움직임은 마음의 움직임이다

필자는 딸아이의 긴 머리를 좋아한다. 이마를 살짝 가리면 더욱 좋다. 왜 그럴까? 그녀의 말인즉, 머리카락으로 이마를 가릴 때와 안 가릴 때의 기분은 확연히 다른데, 머리를 내려서 이마를 가린 날에는 친구들에게 허풍을 쳐도 거리낌이 없고 친구들도 눈치를 못 채지만, 머리를 핀으로 묶고 이마를 드러낸 날에는 왠지 불안하고 허풍을 떨어도 금방 드러나더라는 것이었다. 더욱 재미있는 것은 무언가 난감한 느낌이 들 때는 이마의 가운데를 손가락으로 문지르게 된다는 것이다. 미간의 변화란 참으로 미묘한 파장을 일으키는 것 같다. 이런 경우도 있다.

만약 당신이 모자, 선글라스, 마스크 세 가지 중 하나를 고르라고 한다면, 어느 것을 택할 것인가? 아마도 대부분의 사람들은 모자를 택할 것이다. 그 이유는 사람들은 이마를 가렸을 때 심리적 안정감을 느끼기 때문이다. 명상가들의 경우에도 이마의 움직임은 그가 자신의 내면 깊은 곳에 다다르고 있음을 시사해준다. 이마는 분노를 표출하는 부위이기도 하다. 만약 누군가 당신 앞에서 미간을 잔뜩 찌푸리고 있다면, 그는 분노에 싸여 있을 가능성이 높고, 그 분노는 폭발 직전에 있음을 감지할 수 있을 것이다.

협상가의 길은 녹록지 않다. 전쟁에서나 비즈니스에서나 상대방의 전략,

내심, 표정, 동작, 시선, 제스처 모두 살펴야 한다. 협상자에게 에티켓이나 의상은 무언의 무기이자 예의의 표현이다. 화려하고 개성미 있는 의상은 악수하는 순간부터 사람의 마음을 흔든다. 협상가로서 상대방의 마음을 읽고 그의 마음을 얻으려면, 5감 6관을 총동원하는 비언어의 숙달자가 되어야 한다. 분노의 표출이든 신뢰의 싸인이든, 그건 자유다.

포커페이스는
자연스러운 것이다

'석양의 무법자The Good, The Bad and The Ugly'는 '벤허Ben-Hur'와 '대부Godfather' 못지않게 유명한 추억 속의 명화이다. 남북전쟁이 한창이던 시절 황량한 서부를 무대로 황금을 좇아 배신을 주고받는 주역들의 모습을 그린 이 영화는 그 제목의 의미만큼이나 흥미롭게 '영악한 자', '사악한 자', '추악한 자'다운 건맨들의 모습을 그리고 있는데, 주인공 '블론디'로 분粉한 명배우 클린트 이스트우드Clint Eastwood, 1930~ 의 연기는 명불허전 격이다.

후줄근한 망토와 눌러쓴 모자에 시가를 문 채 홀연히 나타났다가 사라지는 건맨의 모습, 과묵함과 진지함에 부담스러움까지 지닌 표정, 총을 뽑아 드는 순간 움직이는 눈썹 등 어찌 보면 무표정이라기보다는 위장술에 가득 찬 그의 모습은 모두가 '포커페이스'의 극치를 보여주듯 자연스러웠다. 협상가로서 이렇듯 자연스러운 표정의 소유자가 과연 있을까?

포커페이스는 '무표정'이 아니다

유명 협상가들의 특징 중의 하나는 포커페이스Poker Face이다. 포커페이스는 흔히 자신의 속내도 숨기려는 신사나 악당의 얼굴에서 그 면모를 발견할 수 있다. 포커페이스는 무표정이 아니다. 황야의 무법자 '블론디'의 모습도 무표정이기보다는 자연스러움의 하이브리드Hybrid이다. 미국 대통령 도널드 트럼프의 모습도 그에 못지않다. 트럼프의 악동같은 얼굴은 다소간의 논란에도 불구하고, 그가 사람들의 마음을 사로잡을 수 있는 훌륭한 협상가이자 대통령이 되기에 충분한 인물임을 입증해 준다. 2차 세계대전의 영웅이자 탁월한 정치가로서 총리 2회, 장관 10회를 지낸 윈스턴 처칠Winston Churchill, 1874~1965의 유들유들한 얼굴은 배신의 정치 속에 살아남은 거인의 자연스러운 모습을 드러낸다.

포커페이스를 간파하려면 '목소리'에 신경을 써야 한다. 상대방의 의중을 읽기 어려울 때 해야 할 일은 눈을 감은 채 그의 목소리와 호흡에 귀를 기울이는 것이다. 만일 그 목소리에 평온함과 자신감이 넘친다면, 이는 긴장을 늦추지 말고 적극적 방어나 공격의 자세를 취하라는 경고와 다름없다. 상대방의 존재감이 은연중 느껴지면, 그의 입장이 허세는커녕 전혀 약하지 않으니, 더욱 경계해야 한다. 무림의 고수란 원래 적의 칼끝을 주시하기보다는 그의 숨소리에 촉각을 세우면서 움직임을 간파하는 사람이다.

영리한 매는 발톱을 감춘다

포커페이스에는 철칙이 있다. 그것은 상황이 좋든 나쁘든 감정의 동요를 드러내지 않는 것이다. 협상 테이블에서도 상황에 따라 얼굴색이 변한다면 나의 속내와 전략을 그냥 드러내주는 것이나 다를 바가 없다. 조직 생활에서도 표정 관리 없이 심사를 그대로 드러내는 사람은 리더로서 존재감을 유지하기 어렵다. 협상자는 성자의 얼굴과 매의 발톱을 지녀야 한다. '영리한 매는 발톱을 감춘다'라는 말의 의미도 자연스러움 가운데 존재감과 이득을 염두에 두라는 것이다. 포커페이스는 '무표정'이 아니다.

협상은 고도의 심리 게임이다. 기회와 위험, 실리와 명분 모두를 저울질하면서 슬기롭게 이겨야 하는 게임이다. 협상자는 자신의 강점이나 약점을 결코 자랑하거나 내보여서는 안 된다. 협상 테이블에서 지켜야 할 것은 감정의 조절, 자연스러움 그리고 평정심이다. 노련한 협상가는 자연스러움 속에 완벽한 포커페이스를 구현하면서 일격의 기회를 노리는 사람이다.

미소는 진실과 거짓을 가름한다

"협상 아주 간단합니다.
협상 테이블에 앉아 그냥 몇 시간이고 며칠이고 미소만 지으면 됩니다."

한국이나 미국 기업의 비즈니스맨이 일본 기업의 비즈니스맨과 협상을 벌이면 잘해야 본전인 경우가 많다. 그 이유는 일본 비즈니스맨의 지루한 협상 스타일에 꺾여 결국은 별로 유리하지 않은 상황에서 협상을 종결하기 때문이다. 일본 비즈니스맨들은 매 상담 시 예의 바른 태도에 미소를 아끼지 않으니, 솔직하고 정 많은 직선적인 한국인의 경우 미국인보다 더 실속 없이 협상을 마무리하게 된다. 어느 일본 기업인이 했다는 위의 말은 일본인의 속마음을 드러내지 않는 미소 속에는 신중한 계산과 실리에 대한 애착이 담겨 있으며, 그들의 미소가 흩어질 때에는 "혹시 나를 우습게 보았던 것은 아닐까?"라는 생각마저 든다. 미소란 진실과 거짓을 헛갈리게 하는 참으로 묘하고 소리 없는 언어다.

미소, 진실과 거짓의 두 얼굴

미소微笑는 소리 없이 빙긋이 웃는 웃음이다. 미소에는 진위를 헤아리기 어려운 찰나의 심리가 내재되어 있다. 미소 외에는 희소喜笑, 실소失笑, 가소可笑, 고소苦笑, 조소嘲笑, 냉소冷笑, 치소嗤笑, 폭소爆笑, 파안대소破顔大笑, 박장대소拍掌大笑 등 40여개의 웃음이 있으며, 그들 중 어떤 웃음은 약이 되고 어떤 웃음은 독이 된다. 미소 중의 최고봉은 염화시중拈花示衆의 미소이다. 염화시중은 '꽃을 따서 무리에게 보인다'라는 의미로서, 말이나 글 대신 마음으로 뜻을 전하는 것을 가리킨다.

미소는 진실과 거짓의 길목을 오간다. 미소를 가장한 가소假笑는 '같잖아서 웃는 웃음'으로 가급적 피하는 것이 좋다. 영화 '바람과 함께 사라지다'의 주역인 명배우 클라크 게이블William Clark Gable, 1901~1960의 부드럽고 넉살스러운 미소는 온 세상 미녀들을 사로잡을 만큼 매력적이다. 클라크 게이블은 15개 이상의 직업과 밑바닥 생활을 거친 사람이었으니, 그의 미소에는 진실과 거짓을 구별하고 감싸는 매력이 있었던 것 같다. 협상가로서 상대방의 마음을 얻으려면 그 정도의 매력적인 미소는 지녀야 하지 않을까?

미소, 창의적이고 부드러워야 한다

최근 한미 FTA의 재협상에 관한 논란이 커지고 있는데, 언론은 미국 대통령 트럼프의 미소 뒤에 감춰진 재협상 의도에 대해서 논하고 있다. 한미 정상회담의 끝자락에서 던져진 그의 웃음은 친절과 배려가 남기는 여운에 대해서 숙고하게 만든다. 트럼프는 미소를 활용할 줄 아는 협상의 고수다. 미소는 햇빛 같은 친근감을 준다. 하지만 그 속에는 치밀한 전략과 전술이 담겨 있을 수 있다. 미소의 중요한 점은 진실을 외면하지 않는 것, 즉 속이지도 속지도 않는 것이다.

미소는 부드럽고 창의적이어야 한다. 협상은 한편으로 전쟁과 같은 게임이니, 협상가는 미소를 통해서 명백한 지혜와 정감을 전달할 수 있어야 한다. 미소를 단순히 유대관계를 유지하기 위한 수단이나 농담을 대신하는 도구로써 사용하는 것은 유치한 일이다. 미국의 심리학자 디어도어 루빈Theodore Issac Rubin, 1923~은 "미소는 가장 강렬한 영향력을 주는 유일한 것이다."라고 말한다. 협상가로서 미소를 자신의 신념과 마음을 전하는 도구라고 생각한다면, 그는 믿을 만한 파트너라고 할 수 있다.

침묵은 좋은 전략이다

"오랜만입니다."

유대계 노사업가인 N사장, 그는 짧은 인사를 마친 뒤 자리에 앉았다. 이미 칠십세를 넘은 나이에 그다지 좋아 보이지 않은 건강 상태에 놓여 있었던 그는 협상 아젠다와 일정에 관한 우리 측의 입장을 청취한 후 넌지시 눈을 감고 앉아 있었다. 그는 필자가 이야기하는 10여 분간은 말 한 마디, 메모 한 줄 없이 침묵으로 일관했다. 그는 기세를 탄 듯 열심히 주장을 펼치던 필자의 이야기를 다 들은 후, 질문에 대한 대답은커녕 마치 잠에서 깬 임금처럼 여러 현안에 대해서 조목조목 따지고 들었다. 그는 돈 많은 노신사라기보다는 침묵을 활용할 줄 아는 조용한 협상가였다. 지혜와 슬기로움이란 바로 그러한 침묵 속에 있는 것이 아닐까?

침묵, 지혜와 슬기로움의 표출

"미련한 자라도 잠잠하면 지혜로운 자로 여겨지고, 그의 입술을 닫으면 슬기로운 자로 여겨지느니라." 솔로몬의 잠언[17:28]에 나오는 이 문구는 침묵은 지혜와 슬기로움의 표현임을 잘 설명해주고 있다. 유대계 사업가였으니 어느 정도 예상은 했지만, N사장의 자세 또한 솔로몬왕 못지않은 듯했다. 아니면, 적어도 그의 냉담한 전술만큼은 먹혀들어간 것이라고 보아야 한다. N사장처럼 침묵으로 일관하는 전략은 상대방으로 하여금 당황하거나 본의 아닌 말을 하게 만든다. 필자 또한 N사장의 예기치 않은 대응에 움찔했던 것은 사실이다.

침묵은 보배로운 칼과 같은 것이다. 협상 테이블에서의 전략적 침묵은 상대방으로 하여금 심리적 동요를 느끼게 하며, 종국에는 더 많은 말을 하거나 숨기던 정보까지 노출하게 만든다. 상대방이 침묵으로 일관하는데, 이쪽마저 침묵으로만 있을 수는 없는 법이다. 침묵에는 힘이 있다. 침묵은 상대방으로 하여금 "아니, 이제 협상을 그만두자는 얘기인가?"라는 의구심을 갖게 하며, 종국에는 자신의 제안을 수정하거나 철회하게 만든다. 협상가에게 침묵이란 때때로 날카롭고도 유용한 무기가 될 수 있음을 명심하자.

침묵은 고수의 전용물인가?

그렇다면 침묵은 고수만의 전용물인가? 아니다. 흔히 "목소리가 큰 사람이 이긴다."라는 말을 하는데, 협상 테이블에서는 이 또한 아니다. 협상 시 의사소통 과정에서 서로의 입장만을 고수하다 보면 합의점도 대화의 방향도 실종될 수 있으며, 이럴 경우 상대방의 말에 대해서 일일이 반응하는 것은 오히려 역효과를 불러일으킨다. 반면, 침묵은 긴장을 야기할 수 있다는 생각을 하면, 그 순간 다시 한번 생각하는 여유를 갖게 된다. 침묵은 상황을 적당히 넘어가려는 좁은 생각에서 나오는 것이 아니다. 침묵은 격앙된 분위기일수록 유지해야 할 자세이다. 침묵은 고수만의 전용물이 아니다.

침묵은 집중케 한다. 인간의 뇌는 새로운 정보에 대해서 민감하게 작용하며, 심리적 긴장과 궁금증까지 불러일으킨다. 대화 중의 침묵, 그로부터 야기되는 긴장과 궁금증은 대화의 내용에 집중케 하며, 핵심 사항에 대해서도 관심을 높여준다. 침묵은 압박의 수단이자 결단의 촉매이다. 침묵 속의 여유는 냉철한 판단과 판세의 역전을 가능케 한다. 침묵은 두려움과 압박감을 주므로, 상대방이 버티면 나도 버티고, 상대방이 침묵하면 나도 침묵해야 한다. 만약 여의치 않으면 침묵의 강약을 조절해야 한다. 침묵의 고수가 협상의 고수이다.

◇◇◇

완벽한 협상가의 길은 개인화, 승부사 기질, 신뢰의 구현에 있다. 개인화는 밀착과 유대를 위한 연출로써 친화된 관계를 조성하는 것이다. 개인화는 생각과 사상, 신념과 철학까지 하나가 될 수 있게 한다. 개인화 다음으로 지녀야 할 것은 상황을 꿰뚫는 통찰, 불굴의 행동력, 포기하지 않는 근성이다. 승부사 기질은 기 싸움을 담판으로, 탐욕을 굴복으로 변화시킨다. 협상가의 최고이자 마지막 덕목은 신뢰이다. 무릇 고수란 특유의 철학과 행동으로 오랜 시간을 버티며 무언가를 이루어 내는 사람이다. 은은한 카리스마와 신뢰 위에 인간미와 기품을 지닌다면, 누구든지 세상과 사람을 모두 얻을 것이다.

제 5 장

나는 최고의 협상가이다

완벽한 협상가는 두뇌 회전이 빠르되 참을성이 있어야 하고,
거짓말을 천연덕스럽게 하여야 하며,
신뢰하지 않으면서 신뢰를 얻어야 하고,
겸손하되 독단적이어야 하며,
상대방의 매력에 압도되지 않은 채 상대방을 매료시켜야 하며,
많은 돈과 아름다운 배우자를 가져야 한다.

18C 영국 외교관 매뉴얼

제12절

카리스마 넘치는 파트너가 되라

개인화하라

샤를 모리스 드 탈레랑 페리고르Charles-Maurice de Talleyrand-Périgord, 1754~1838는 유명한 미식가였다. 나폴레옹의 지배 시기 전후 프랑스 외무장관으로서 활약한 그는 능수능란한 언변에 속을 알 수 없을듯한 표정을 지닌 희대의 모략가였는데, 나폴레옹 몰락 후 각국의 이해관계를 논의하기 위해서 개최된 빈 회의1814에서 앙토넹 카렘이라는 유럽 최고의 요리사를 대동하고 나타났다. 탈레랑은 성직자, 정치가, 외교관으로서 굴곡진 삶을 살았으나, 프랑스의 국익을 위해서 헌신했다는 점에 대해서만큼은 높이 평가를 받았는데, 여기에는 그의 탁월한 외교술과 음식외교가 한몫을 했다. 탈레랑은 새로운 유럽의 주역인 듯 들떠 있던 러시아 황제 알렉산드르 1세를 포함한 여러 군왕들과의 관계를 '개인화'하는 데 주력했으며, 이는 절묘한 세력균형의 유지를 원하던 그들의 의도를 간파하는 데 도움을 주었다.

'개인화', 밀착과 유대를 위한 연출?

협상은 당사자 간의 문제와 갈등을 봉합하고 타협점을 찾아내는 과정이다. 그것은 거미줄처럼 얽힌 이해관계를 조율하기 위해서 벌이는 한 판의 드라마이다. 그럼 드라마의 생명은 어디에 있을까? 드라마의 생명은 배우들의 역할과 '개인화'에 있다. '개인화'란 당사자 간에 친화된 관계를 조성함으로써 사안의 복잡성을 완화시키고, 문제의 핵심에 접근하는 것이다. 개인화는 동서고금을 통한 협상가들의 무기였는데, 사마천의 사기에 보면 지혜로운 신하가 탁월한 임금을 설득하기 위해서 직접 칼과 도마를 붙잡고 식사를 마련했다는 이야기도 있다. 개인화는 밀착과 유대를 위한 연출이라고도 할 수 있다.

개인화는 호감의 수준을 높인다. 아리스토텔레스는 설득의 조건으로 로고스Logos, 파토스Pathos, 에토스Ethos를 강조했는데, 이들 중에서 비중이 가장 높은 것은 에토스이다. 로고스는 논리를, 파토스는 심리와 감정을, 에토스는 고유의 성품을 가리킨다. 인간은 호감이 가는 사람에게 끌리게 마련이며, 호감을 느끼면 실수도 멋이나 애교로 받아들여진다는 면을 생각하면, '에토스를 통한 개인화'가 파트너십의 구축을 위해서 얼마나 중요한지를 실감할 수 있다. 협상 무대에서 절차나 전문성보다 중요한 것은 사람이다. 개인화는 중

중동구 체코 K사 수석부사장과 동반출장 중 북경의 이화원(頤和園) 앞에서, 우측은 헝가리 출신의 에이전트로서 주요 인맥과의 유대 구축에 기여했다.

요한 파트너와의 유대를 위한 교감의 과정이다. 동반출장은 그 좋은 예이다. 개인화는 신뢰와 호감, 만남과 유사점을 찾는 노력으로 시작된다.

나만의 협상 스타일을 가져라

협상가로서 꼭 유념해야 할 것은 나만의 고유한 협상 스타일을 갖는 것이다. 최고의 협상가들은 어떠한 이슈와 상황에서도 긍정적인 협상의 성과를 이끌어 낼 수 있는 특유의 전략, 전술, 의사소통 기술, 태도, 기대치에 대한 접근 및 상대방의 욕구를 탐색하는 원칙을 구사한다. 그것은 마치 비밀의 방에 감춰 두었던 두루마리 용지에 쓰여 있는 세상과 인간의 거래원칙을 풀어내듯, 협상 테이블 안팎을 오고 간다. 협상가로서 "아, 그는 협상 상대로서 괜찮은 사람이야. 서로의 비즈니스에 대해서 논할 수 있는 파트너이지!"라는 말을 하게 만들 수 있다면, 그의 협상 스타일은 매력적이라고 할 수 있다.

협상가로서 고유의 스타일을 갖는 데 지양해야 할 점은 너무 상식적인 룰을 일종의 계명처럼 고수함으로써 자신을 틀에 가두는 것이다. 흔히 '협상의 ○○계명'이니 하면서 주장하는 것들은 단편적인 내용에 불과할 수 있으므로 그에 대한 자신과의 적합성을 잘 살펴보아야 한다. 협상가로서 내게 귀를 기울여 줄 사람을 만들려면, 개념과 스킬 이외에 진리와 교훈을 담아야 한다. 트럼프나 바나나맨을 보라! 특유의 비즈니스 원칙과 배짱 있는 협상 스타일을 갖춘 그들은 고수 중의 고수들이다. 나만의 스토리를 연출하는 뛰어난 예지와 독특한 유머는 비즈니스의 판도와 세상을 바꿀 수 있다. 가장 바람직한 협상 스타일은 '경쟁과 협력' 및 '대립과 교감'의 양 날개를 펼치는 것, '이성과 감성'을 총동원하는 것, '밀착과 유대'를 강화하는 것이다. '강자의 전략'과 '약자의 전략' 또한 적절히 구사해야 한다.

인간미와 기품을 잃지 말라

개인화는 의도적인 관계 형성의 과정을 거쳐야 한다. 그것은 협상 분위기를 고조시킴과 동시에 협상을 유리한 국면으로 이끌어 준다. 개인화는 한 사람의 성품, 자세, 명성, 옷차림, 유머, 화술, 특별한 기술이나 관심 분야 등 개인적 특성을 통해서 표출된다. 개인화에는 관계에의 집중과 호감의 축적이 요구된다. 협상 테이블에서 특별한 유머를 구사하는 것, 저녁 자리에서 멋진 곡조를 하나 뽑거나 악기의 연주자로 변신하는 것, 핫-라인Hot Line을 구축하는 것 등은 개인화의 좋은 예들이다. 개인화는 결국 '나만의 스타일'과 '교유를 통한 파트너십의 구축 방법'이라고 할 수 있다.

개인화는 신뢰 구축의 지름길이다. 개인화는 생각과 사상, 신념과 철학의 줄기까지 하나가 될 수 있게 만들어 준다. 개인화는 설사 협상의 결과가 만족스럽지 못하더라도 상대방으로 하여금 나를 기억하게 하고 언젠가는 되돌아오게 만들어 준다. 개인화의 최고봉은 은은한 카리스마, 즉 인간미와 기품이다. 비록 최악의 상황에 처할지라도 인간미와 기품을 잃지 않으면, 상대방은 진심 어린 경의를 표할 수도 있을 것이다. 이상이나 상상보다 중요한 것은 은은하나 두터운 배려와 정감이다. 협상가는 파트너십을 위한 밀착과 유대를 위해서라면, 필요한 모든 특기와 자질 및 인간적 매력까지 뿜어낼 수 있어야 한다.

승부사 기질을 가져라

"앞으로 당신이 나와 대화를 하고 싶을 경우 그 수신인을 '아시아의 왕'으로 하시오.
내게 동등한 입장으로 편지하지 마시오. 당신이 소유했던 모든 것은 이제 나의 것이오.
그러므로 당신이 어떤 것을 원할 경우 내게 예의를 갖춰 물을 것이며,
그렇지 않으면 당신을 범죄자로 취급할 것이오."

기원전 4세기 마케도니아의 알렉산더 대왕B.C.356~323이 페르시아왕 다리우스 3세B.C. 381~330에게 보낸 편지의 내용이다. 대 일전을 앞둔 소국의 젊은 왕으로서 대제국의 노회한 왕이자 최대의 라이벌에게 보낸 편지의 내용치고는 지나치다는 생각이 든다. 이 편지를 읽은 다리우스 3세의 심기는 과연 어떠했을까? 영웅호걸들의 명언과 수사가 많지만, 참으로 대단한 기개와 자신감을 보여주는 말임에는 틀림이 없다. 초경쟁 글로벌 시대의 주역이라면 협상 테이블에서 이 정도의 승부사 기질을 발휘해야 하지 않을까?

승부는 기 싸움부터

협상은 일면 전투다. 그렇다면 다리우스 3세는 어떻게 대응했을까? 유사한 내용의 답장을 보내면서 치욕을 되돌려 주려고 했을까? 아니면 모욕감을

감추고 인내했을까? 그가 지레 겁을 먹을 정도로 유약한 왕이 아니었다면 즉각적인 공격에 돌입했거나 새로운 싸움에 대한 준비에 집중했을 것이다. 추측건대 젊은 알렉산더와 다리우스 3세 두 사람은 모두 다가올 전쟁의 승패에 절치부심하면서 칼을 갈았을 것은 분명하다. 결국 승부는 판가름이 났고 최후의 승리는 기 싸움으로 먼저 잽을 날린 알렉산더의 것이 되었다. 승부는 기 싸움부터 시작되는 것이다.

알렉산더의 승부욕은 정말 대단했던 것 같다. 알렉산더는 처자식들이 포로가 된 후 막대한 재물과 영토를 넘겨주겠다는 다리우스 3세의 제의마저 물리치고 전쟁을 계속했으며, 결국 역사적인 가우가멜리의 전투B.C.331에서 승리함으로써 220년간 번영을 누렸던 페르시아의 아케메네스 제국은 막을 내렸다. 그의 목표는 '중단 없는 전진'과 '완전한 승리'였으니, 그의 승부사 기질은 가히 짐작할 만하다. 알렉산더는 누구나 다 아는 영웅이지만, 협상가로서 그만큼의 승부사 기질을 지닌 사람이 과연 얼마나 될까?

담판, 세 치 혀의 승부사

승부사 기질은 담판 실력으로도 입증된다. 우리가 잘 아는 고려의 서희942~998 장군은 역사상 최고의 담판이자 승리한 협상의 주인공이었다. 서희는 거란 왕의 사위이자 위세 당당한 장수였던 소손녕과의 담판에서 항복은커녕 오히려 "당신들에게 협조를 못하는 이유는 저 여진족들 때문이요, 말이야 바른말이지, 당신들도 원래 우리의 조상인 고구려 땅을 차지하고 있지 않소?"라고 되받아쳤다. 서희는 80만 대군도 대국의 귀인도 두려워하지 않는 승부사 기질로써 소손녕을 설득, 본국의 훈령을 받아내게 함으로써 싸움 없이 거란을 물리쳤다. 그는 여진족이 설치던 압록강 동쪽 강동 6주의 영유권 확보는 물론 낙타 열 마리, 말 백 필, 양 천 마리, 비단 백 필의 선물까지 주고 돌아가게 만들었으니, 그의 세 치 혀에 실린 승부사 기질은 가히 역사에 남을 만하다.

집요함과 끈질김

신대륙의 발견자 콜럼버스Christopher Columbus, A.D.?~1506는 대항해 시대A.D 15C~18C의 선두주자였던 포르투갈 국왕 주앙 2세에게 대서양 탐험의 후원을 요구하다가 거절당하자 스페인 여왕 이사벨라 1세를 찾아가 협상을 벌였다. 그의 조건은 기사와 제독의 작위, 정복지의 총독 지위, 정복으로 얻는 수익의 10%였다. 물론 그의 제안은 너무 황당하다고 여겨져 받아들여지지 않았지만, 그는 포르투갈 교회의 해외진출을 의식하고 있던 성직자들의 지지를 활용하여 후원계약을 맺는 데 성공했다. 헌데 콜럼버스는 귀족과 상인들의 견제로 여왕이 계약의 이행을 미루는 바람에 무려 6년이나 기다려야 했다. 오늘날 단기적인 성과나 일시적인 관계에 의존하는 기업이나 개인이라면 협상 과정에서 과연 이토록 집요하고 끈질길 수가 있을까?

협상가는 집요하고 끈질겨야 한다. 승부사 기질로 뭉쳐야 한다. 승부사 기질은 상황을 꿰뚫는 지혜, 불굴의 행동력, 비장함의 산물이다. 승부사 기질은 군왕이나 장군들의 것만은 아니다. 승부사 기질은 마케터, 엔지니어, 요리사, 디자이너, 관료, 의사 등 모든 이들에게 요구되는 필수 불가결의 무기이다. 승부사 기질은 기 싸움을 담판으로, 탐욕을 굴복으로 변화시킨다. 무릇 고수란 오랜 시간을 버티면서 무언가를 이루어 내는 사람이다. 역사는 승자만을 기억하니, 두려워할 것은 오직 두려움뿐이다. 이기는 협상가가 되려면 기 싸움과 담판을 즐기며 승부사 기질을 높여라!

신뢰는 죽은 거래도 살린다

그 누구든 비즈니스나 조직 생활에서 한 번쯤은 꼭 겪는 일이 있다. 그것은 가까운 거래선이 관계를 단절하거나, 동업자나 부하가 배신하는 것이다. 물론 그것들은 결과적으로 스스로의 책임이라고 말할 수밖에 없지만, 가슴이 쓰라린 것만은 피할 수 없는 사실이다. 필자에게도 그러한 쓰라린 경험이 있었지만, 사회인으로서 오랫동안 활동하는 가운데 거래선이나 파트너들에게 신뢰를 저버리는 행동은 하지 않으려고 무척이나 노력했다. 특히 문화와 비즈니스 관행이 전혀 다른 글로벌 무대에서는 신뢰가 곧 '성패의 열쇠'임을 굳게 믿고 비즈니스에 임하였다. 신뢰란 참으로 소중한 무기이다. 협상자는 언제 어디서, 그 누구와도 신뢰로써 일하면서 파트너십을 견고히 해야 한다.

오직 신뢰, 또 신뢰이다

1990년대 중반, 그간 치솟던 중국 시장의 거품이 꺼지면서, 중국 내 거의 모든 거래선들로부터 계약 취소의 압박이 있었다. 그러한 계약들 중에는 동구권에서 최초로 소싱Sourcing한 제품들을 판매한 건들이 있었는데, 매 건당 수백만 달러 규모의 계약들이 취소 위기에 몰리니 마치 악몽을 꾸는 것 같았다. 그러한 상황에서 결국은 대폭적인 조건 변경으로 계약들을 유지할 수밖에 없었고, 피 말리는 타협들이 이어졌다. 사실 무역전쟁에서 그러한 일들은 간혹 발생하지만, 막상 일이 벌어지면 엄청난 스트레스를 감당하기 어렵다. 물론 법적 근거를 토대로 소송을 벌일 수도 있지만, 그것처럼 실익이 없는 일도 없다.

그런데 이런 와중에도 홍콩 소재 Z사의 K사장은 의아할 만큼 유일하게 침묵을 지키고 있었다. 그가 고도의 술수를 쓰고 있는 것이 아닌가라는 의구심마저 품게 할 정도였다. 이에 필자는 그의 의중을 정확히 확인할 겸, 돌아가는 상황을 솔직히 알려주고서는 다른 거래선들과 똑같은 조건을 적용하겠다는 의사를 전달하였다. 초조하게 K사장의 회신을 기다렸는데 그의 반응은 놀라웠다. 그는 자신을 기만하지 않았다는 사실을 뜻밖의 일로 받아들이며 크게 감격하였으며, 오히려 "당초의 계약 조건을 그대로 지키겠다."고까지 말했다. 그는 결국 최소한의 양보를 수용했는데, 이는 다른 거래선들의 경우보다 필자에게는 유리한 것이었다. 그는 이후 상황이 호전되자 더 큰 비즈니스 기회를 조성하였고, 그와의 유대 관계는 오랫동안 지속되었다. 그는 자신이 관우關羽를 신으로 모시는 산서상인山西商人의 후예라고 말한 적이 있었다. 중국인들에게 관우는 신뢰와 충절의 화신이다. 그와의 신뢰가 죽은 거래를 살린 것이다.

신뢰는 성공을 부른다

신뢰는 성공을 부른다. 위의 사례에서처럼, 신뢰는 성패를 좌우하며 종국에는 수많은 사람들에게 기억된다. 신뢰는 제품이나 서비스를 판매함에 있어서, 단 한 가지라도 부정확하거나 거짓된 정보를 주지 않는 것, 고객의 어떠한 요청에도 즉각적으로 상세히 대응하는 것, 파트너에게는 지속적인 관심을 보이는 것 등과 같은 지극히 당연한 일에서부터 출발한다. 신뢰는 작은 일부터 차곡차곡 쌓여가는 것이며, 그 가치는 황금보다 귀중하다. 존슨앤존슨 회장을 지낸 짐 버크Jim Burke의 말처럼 신뢰는 장기적 성공의 열쇠이다.

진정한 프로는 신뢰를 생명이자 신이 내리는 명령처럼 생각한다. 예로부터 언약을 맺을 때 동물의 등뼈를 가른 후 양쪽에서 마주보면서 걷는 의식을 한 이유도 신뢰는 목숨처럼 중요함을 서로 확인하려는 데 있었다. 위대한 기업가나 거상들은 모두 신뢰를 생명처럼 여긴 사람들이다. 암흑가의 마피아도 스팩 대신 신뢰를 검증하고 조직원을 뽑는다. 오늘날 배반이 난무하는 비즈니스 세계에서 신뢰가 갖는 의미는 참으로 크다. 신뢰는 죽은 거래도 살린다. 오직 몸에 밴 신뢰만이 파트너로 하여금 나를 가장 먼저 떠올리게 할 것이며, 예기치 않은 성공을 가져다 줄 것이다. 진정한 협상가라면 신뢰를 생명처럼 여겨야 한다.

신의 손길은 곁에 있다

"이 팀장님, 축하드립니다!"
"뭘 축하해요? 장난하는 겁니까?"
"이란 은행에서 미화 624만 달러가 입금되었습니다."
"아니, 뭐라고요?"
(2주 후 스미토모 은행에서 다시 전화가 걸려옴)
"이 팀장님, 다시 한번 축하드립니다!"
"아니, 또 무슨 일입니까?"
"미화 624만 달러에 대한 이자가 입금되었습니다."
"뭐라고요? 이번에는 이자까지요?"
"예, 사실은 이자의 이자까지죠."

마케터로서 분주하게 활동하던 시절, 필자는 마치 지옥의 불덩이에서 천국으로 향한 듯한 생각이 들 정도로 불가사의한 일을 겪은 적이 있다. 그것은 지극히 위험도 높은 거래의 이행 후 발생한 일이었지만, 그간 겪은 문제로 인한 고통과 정말 상상할 수 없었던 해답이 눈앞의 현실로 나타났을 때의 기쁨이란 말로써 다할 수 없었다. 그것은 수천 킬로미터 떨어진 페르시아 땅의 어느 막강한 실력자의 얼굴을 그리며 벌인 '무언의 설득을 무기로 한 협상'을 통해서 이루어진 상상외의 결과이자, 과도한 스트레스로 인해서 로마 병정의 투구처럼 딱딱해진 머리를 붙잡고 절치부심하던 필자에 대한 '신의 배려'이었다.

천신만고 끝에 성사된 대형거래

상사맨으로 일하던 시절 담당했던 제3국 간 비즈니스는 매우 어렵고 복잡했다. 당시 여러 거래들 중의 하나로서, 태국 T사의 철강 제품을 구매하여 이란의 국영기업 S사에 판매하는 미화 2,100만 달러 규모의 거래1992가 있었다. 경제 상황과 문화가 매우 다른 두 국가 간의 거래는 위험도가 높았고, 양국 당사자들과의 계약 성사 후 이행까지에는 지루한 왕복외교Shuttle Diplomacy 등 천신만고의 과정이 있었다. 수백 년 역사와 자존심으로 뭉친 사이암Siam 왕국의 기업가와 한때 위용을 떨쳤던 페르시아 제국의 후예들을 상대하는 것은 실로 만만치 않은 과정의 연속이었다.

지불 동결, 청천벽력 희소식

그러던 중, 이란의 급격한 외환사정 악화로 인해 거래대금 중 미화 624만 달러가 연체되고, 언제 지불될지 모르는 상황이 발생했다. 사태의 심각성에 직면하여 이란 정부와 거래를 하는 유럽 및 일본 상사들에게 탐문한 결과, 이란 중앙은행의 지침으로 미화 500만 달러 이상의 인보이스Invoice 건들에 대해서는 지불 동결 조치가 내려졌음을 알게 되었다. 그러한 상황에서 시간만 무심하게 흘러가다가 거액의 미수금이 갑자기 입금되는 상황이 발생했으니, 그것은 정말 청천벽력 같은 믿을 수 없는 대사건이었다. 더욱 놀라운 것은 그 순간까지 회사 내 여러 부서의 대이란 미수금 발생 건들 중에서 입금된 건이 단 한 건도 없었고, 이란 측으로부터는 단 한마디의 연락도 온 적이 없었다.

사실 그간의 고초는 이루 말할 수 없었다. 필자는 한동안 태국 공급기업 측의 계약 불이행과 이란 구매회사 측의 위약금 요구에 시달렸다. 그러한 어려움을 겪은 후 이번에는 대금 회수가 막막한 상황에 처하게 되니, 극단적인 허탈감과 좌절감이 몰려왔다. 사내의 여론 또한 뭇매 수준이었다. 필자는 이란의 구매회사 측에 면담을 거듭 요청하였으나 그들은 묵묵부답이었다. 주변의 관련자들은 모두 어디론가 숨어 버렸으며, 더 이상 취할 수 있는 조치는 없었다. 이제 남은 일은 오직 사직서를 내는 것뿐이었다. 하지만 패장이 되어 쓸쓸히 전선을 떠난다는 생각을 하니 허망한 생각이 들었다. 그러던 어느 날, 불현듯 단 한 가지 할 수 있는 일이 떠올랐다. 그것은 글을 쓰는 것이었다.

최후의 수단은 글쓰기

그로부터 3개월여 동안, 필자는 거의 며칠 간격으로 이란 국영기업 S사의 M사장에게 대금지불의 당위성을 주장하는 내용의 메시지를 보냈다. 그간 그들에게 기여, 협조, 양보했던 일들과 서로 간에 굳게 다졌던 우의에 대해서도 상기시켰다. 지불 동결로 인한 회사 내의 어려움과 필자의 안위에 대해서도 언급했다. 하지만 3개월이라는 시간이 흐르는 동안 그들로부터는 단 한 줄의 회신조차 오지 않았고, 푸른색 비닐 파일 커버 속에는 노란색 발신 메시지의 카피만이 차곡차곡 쌓여가고 있었다. 이제 남은 것은 허탈감과 분노뿐, 비록 철저한 을의 입장에 있었지만 무언가 또 다른 특단의 조치가 있어야 했다.

최후통첩은 짧고, 굵게, 단호하게 하라고 했던가? 필자는 이번이 마지막 메시지라 결심하고 최후의 메시지를 날렸다. “그래, 이 세상에서 가장 더러운 페르시아 놈들아! 돼지들도 이렇게 거래하지는 않는다! 너희의 신神은 비즈니스를 그따위로 가르쳤더냐?” 최후의 협박 같은 내용이었지만 차라리 속은 후련했고, 더 이상 미련 없이 보따리를 쌀 생각을 굳혔다. 헌데. 이 무슨 귀신이 곡할 일인가? 수개월 동안 아무런 소식도 없다가 갑자기 원금에 이자와 이자의 이자까지 전부 입금되다니… 정말 수수께끼 같은 일이 눈앞에 벌어진 것이다. 그것은 누군가의 보이지 않는 손길이 닿지 않고서는 불가능한 일이었다.

보이지 않는 힘

M사장이 왜 심경의 변화를 일으켰는지, 어떻게 그러한 일이 벌어질 수 있었는지에 대해서는 알 수 없었다. 얼핏 떠오르는 것이 한 가지 있기는 했는데, 그것은 언젠가 이란의 고관 출신 중개상 K씨가 필자에게 한 말이었다. 그는 이란의 구매기관 S사의 M사장이 “S상사의 미스터 리Mr. Lee는 여러 기업의 비즈니스맨들 가운데 가장 커뮤니케이션이 원활할 뿐만 아니라, 가장 비즈니스맨답게 일하는 사람이다.”라는 말을 했다고 했다. 물론 그의 말은 강자인 M사장의 위세를 묘사하는 것쯤으로 치부하고 대수롭지 않게 여겼다. 아마도 M사장은 필자의 집요한 메시지 때문에 큰 부담감이나 모욕감을 느꼈을지도 모른다. 아니면 감동했을 수도 있겠다. 하지만 당시 이란 정부의 외환 통제 상황을 고려하면, 그런 일이 일어났다는 것은 정말 불가사의했다.

돌이켜 보면, 모든 일은 진인사대천명盡人事待天命의 원리에 의한 것이었는지도 모른다. 필자 스스로도 오직 신뢰와 진정성만을 가지고 그들과 비즈니스를 도모했었다는 점만큼은 지금 이 순간까지도 인정할 수 있다. 하지만 그 무엇보다도 눈에 보이지 않던 그 어떤 힘이 모든 상황을 주도하고 작용했다는 사실은 단연코 부인할 수 없다. 필자는 가장의 고통을 안타까워하던 아내의 간절한 기도가 그 힘을 불러일으켰을 것이라고도 믿는다. 그 모든 상황에서 필자는 언젠가 접한 적이 있는 괴테Johann Wolfgang von Goethe, 1749~1832의 말을 떠올리지 않을 수 없었다.

"최선을 다하고자 하는 순간은 신도 감동을 받는다. 결코 상상할 수 없는 일들이 나를 도와준다. 결심의 순간부터 수많은 사건이 일어나며, 온갖 종류의 예기치 않았던 사건, 만남, 물질적 원조가 나의 힘이 되어 준다."

미국 오클라호마주 오럴 로버츠 대학(Oral Roberts University) 입구의 조형물 '기도하는 손', 신의 배려에 대한 믿음을 상징한다. 인간 간의 관계에서도 믿음, 곧 신뢰는 파트너십을 위한 가장 소중한 가치이다.

포기하지 말아야 하는 이유

2차 세계대전의 영웅이었던 영국의 윈스턴 처칠은 옥스퍼드대학 졸업식에서, "You, never give up!"이라고 세 번 말한 후, 역사상 가장 짧은 연설을 마치고 강단에서 내려왔다. 여러 말이 필요 없다. 진정한 프로라면 아무리 극단적 상황에 처하더라도 절대로 포기하지 말아야 한다. 포기란 죽음 이전에는 어느 때나 할 수 있는 법, 프로의 진면목은 자기 분야에서의 뚜렷한 전문성뿐만 아니라, 어떠한 위기 상황에서도 회피하지 않는 강한 근성과 책임감 있는 노력으로 반증되는 것이다.

필자는 믿는다. 아무리 절박한 상황에서라도 최선을 다하면 '보이지 않는 힘'이 최후의 순간에 작용한다는 것을. 또한 아무리 끝장난 순간이라 해도 단 한 가지 할 수 있는 일이 있다면 무조건 해야 한다는 사실을. 금방 세상이 끝날 것 같은 순간에도 할 수 있는 일은 반드시 남아 있다. '무언의 설득과 협상' 과정에서도 그것을 붙잡고 담대하고 집요하게 나아가면, 반드시 극적인 반전을 이룰 수 있다. 비난이 갈채로 바뀌는 것은 중요치 않다. 극단적인 위기 상황에 처할수록 '보이지 않는 힘'이 작용한다는 사실은 분명하다. 오직 최선을 다하되, 모든 결정과 행동은 인간이 하지만 나머지는 모두 하늘의 뜻에 달려있다. 신의 손길은 최선을 다하고자 하는 순간부터 찾아온다.

맺는말

세계시장의 곳곳을 누비며 비즈니스를 개척하거나 분쟁을 타결하기 위해서 숱한 흥정과 타협을 하고, 파트너들을 설득하거나 양보하는 과정에서 온갖 논리와 감정을 동원하며 애를 쓰곤 하였다. 격변의 시대를 지배하는 치열한 경쟁과 갈등, 보이지 않는 위험과 대치의 상황 속에서도 가장 중요한 것은 상대방의 마음을 읽고, 마음을 얻는 것이었다. 중세 베네치아의 거리를 오가던 기사, 성직자, 예술가, 여성, 하인들은 모두 상인이자 협상가였던 것처럼, 21세기의 우리들 또한 어느 분야에서나, 누구 할 것 없이 모두 마케터이자 협상가로서 살아가야 한다.

세상은 다양한 무대를 오가며 이익을 획득하려는 비즈니스맨, 군인, 정치가들의 이전투구와 인간애와 미美를 추구하는 예술인, 과학자, 사상가들의 노력으로 움직이며 성장해왔다. 땅과 바다에서의 전쟁과 비즈니스가 사이버 공간과 우주로 이어지더라도 그것은 마찬가지일 것이다. 격변의 21세기, 그 어느 분야에서든 기회와 위험의 포착, 실리와 명분의 계산에 능숙해야 영향력을 발휘할 수 있는 시대에, 승자와 주도자로 사는 길은 시장, 인간, 문화에 대한 이해와 대응력을 갖는 것이다. 21세기는 협상의 시대이며 협상 테이블에서의 승리가 곧 성공이다.

협상은 변화무쌍한 세상사의 여러 국면을 다양하게 요리하고 즐길 수 있게 해주는 멋진 게임이자, 과학이자, 예술이다. 경쟁과 협력의 길을 넘나들어야 하는 협상가로서의 삶은 긴장과 압박감에 처할 수 있으나, 여유당당함 속의 대립과 가슴의 요구를 일치시키는 교감은 공존과 상생의 파트너십을 가능케 한다. 죽일 때가 있으면 치유할 때가 있으며 찢을 때가 있으면 꿰맬 때가 있는 법, 협상의 고수가 되려면 경쟁하면서 손을 잡아야 한다. 다만 중요한 것은 정글 속의 냉혹함과 경계심을 잃지 않는 것, 진실을 고수하는 대타협가로서의 면모를 유지하는 것이다.

무한경쟁의 시대, 협상가로서 중요한 것은 자신의 목표에 집중하는 것, 상대방의 욕구를 읽는 것, 감정을 다스리는 것, 상황은 언제나 변화할 수 있다는 점 등을 분명히 인식하는 것이다. 전략과 전술, 커뮤니케이션 스킬에도 따를 자가 없어야 한다. 파트너십은 마음을 얻는 것이다. 자신이 원하는 것을 상대방이 말하거나 행하게 하는 길은 그의 마음을 얻는 것이다. 부디 이 책을 읽은 모든 이들이 냉혹한 승부사와 포용의 세계를 넘나드는 멋진 프로이자 협상가로서 각자의 분야와 영역에서 뜻하는 바를 모두 성취하기 바란다.